前　言

百年大计,教育为本;兴教之源,在于教师。作为立教之基、强教之本,教师队伍建设是新时代教育事业发展的关键。深化教师培养供给侧结构性改革,推进教师教育内涵式高质量发展,着力培养造就一支师德高尚、业务精湛、结构合理、充满活力的高素质专业化教师队伍,是新时代赋予师范院校的神圣使命和重大责任。

教育实习作为师范院校人才培养体系的重要环节,是理论联系实际的关键纽带,是培养未来卓越教师的必由之路。为深入贯彻落实《中共中央 国务院关于全面深化新时代教师队伍建设改革的意见》精神,主动适应新时代基础教育改革发展需求,全面推进师范类专业认证工作,我校创新构建"全员参与、集中组织、有效指导"的教育实习新模式,精心编制《教育实习指导书与实习手册》。

《教育实习指导书与实习手册》立足新时代教师教育改革发展新要求,紧扣师范生成长规律,系统构建教育实习指导与实习体系。指导书主体包含以下模块:一是教育实习工作基本要求,明确实习目标、任务和考核标准;二是教育实习工作指导,提供示范性指导方案和典型案例。指导书通过系统化、标准化、专业化的指导框架,为教育实习提供全方位、全过程的支持保障。实习手册包括教育实习职责与要求、教育实习内容与任务、教育实习总结与评价等方面的内容,涵盖师德体验、教学工作、班主任工作、教育调查与研究等,为实习生规范开展教育实习提供了具体指导和帮助。

《教育实习指导书与实习手册》由教务处组织,征求了各开设师范专业的二级学院、带队指导教师、部分基础教育学校领导与指导教师的意见,由教务处杨继林编制。其编制与实施,是我校深化教师教育改革的重要举措,通过构建"目标导向—过程管理—质量监控"的闭环体系,着力规范教育实习各环节,强化过程指导与质量监控,切实提升教育实习实效。期待通过本书及手册的实施应用,我们能够培养更多"下得去、留得住、教得好、有发展"的优秀教师,为基础教育高质量发展提供强有力的人才支撑。

展望未来,我校将持续完善教育实习指导体系,深化校地协同育人机制,创新实践教学模式,努力打造新时代教师教育改革的示范样例,为建设教育强国、办好人民满意的教育作出新的贡献。

编　者

教育实习指导书与实习手册

JIAOYU SHIXI ZHIDAOSHU YU SHIXI SHOUCE

主　编　杨继林
副主编　姚　亮　贾凌昌　郑　劼

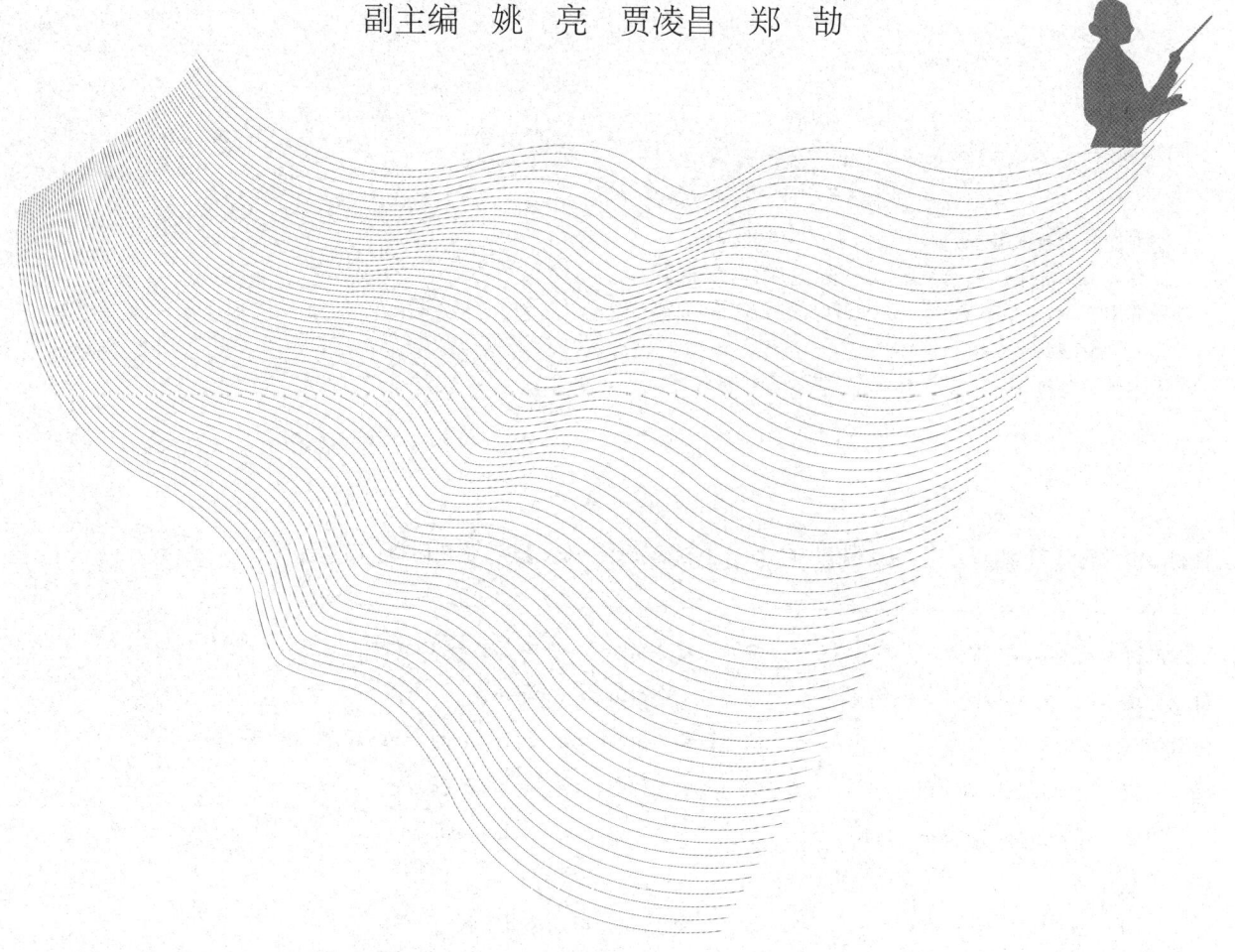

中国教育出版传媒集团
高等教育出版社·北京

内容提要

本书分为两部分。教育实习指导书部分主要包括教育实习工作基本要求、教育实习工作指导等方面的内容,涵盖实习工作要求和师德体验、教学实践、班主任管理实践、教研实践等方面的指导内容,为开展规范有效的教育实习提供了帮助。教育实习手册部分主要包括教育实习职责与要求、内容与任务、总结与评价等方面的内容,为规范开展教育实习提供了具体指导。

本书适用于高等师范院校各师范专业本科生的教育实习,也可供其他有志于从事教师职业的非师范专业学生参考。

图书在版编目(CIP)数据

教育实习指导书与实习手册 / 杨继林主编. -- 北京：高等教育出版社,2025.8. -- ISBN 978-7-04-065266-6

Ⅰ. G652.44

中国国家版本馆 CIP 数据核字第 2025AY4559 号

| 策划编辑 | 吴凤贤 张晶晶 | 责任编辑 | 叶也琦 | 封面设计 | 张文豪 | 责任印制 | 高忠富 |

出版发行	高等教育出版社
社　　址	北京市西城区德外大街 4 号
邮政编码	100120
印　　刷	上海新艺印刷有限公司
开　　本	889mm×1194mm　1/16
印　　张	16
字　　数	357 千字
购书热线	010-58581118
咨询电话	400-810-0598
网　　址	http://www.hep.edu.cn
	http://www.hep.com.cn
网上订购	http://www.hepmall.com.cn
	http://www.hepmall.com
	http://www.hepmall.cn
版　　次	2025 年 8 月第 1 版
印　　次	2025 年 8 月第 1 次印刷
定　　价	28.00 元

本书如有缺页、倒页、脱页等质量问题,请到所购图书销售部门联系调换

版权所有　侵权必究

物　料　号　65266-00

目　　录

专题一　教育实习工作基本要求 ………………………………………………… 1
　　一、致"校内校外指导教师"的一封信 / 1
　　二、上饶师范学院教育实习带队指导教师须知 / 3
　　三、国家相关文件 / 4
　　四、上饶师范学院师范生"双导师制"实施办法 / 5
　　五、上饶师范学院混合编队式教育实习网络支持平台使用手册 / 8
　　六、上饶师范学院教育实习网络支持平台使用说明 / 9

专题二　教育实习工作指导 ……………………………………………………… 13
　　一、师德体验实习指导 / 14
　　二、学科教学工作实习指导 / 33
　　三、班主任工作实习指导 / 44
　　四、基础教育调查与研究指导 / 53
　　五、综合工作实习指导体例 / 58

后记 ………………………………………………………………………………… 76

附赠教育实习手册

专题一 教育实习工作基本要求

一、致"校内校外指导教师"的一封信

各位指导教师：

你们好！

上饶师范学院是一所历史悠久的师范院校，学校的前身是 1958 年创建的上饶师范专科学校。办学以来，学校虽然几经分合、数易校名，但始终坚持师范办学主体不变。全体师院人始终坚持立德树人根本任务，牢固树立人才培养中心地位，突出"师范类、应用型、多科化、区域性"的办学定位，全面落实"政治建校、质量强校、特色立校、廉洁办校"的办学治校理念，以师范教育课程体系建设为重点，以师范生技能水平提升为突破口，着力培养"下得去、留得住、教得好、有发展"的优秀基础教育师资，把为地方培养"忠于教育事业、甘守三尺讲台的好老师"作为学校师范教育的初心和使命。目前，学校已有多个师范专业接受了师范类专业二级认证并顺利通过，专家组充分肯定了我校教师教育的探索和实践。

建校以来，无论社会形势如何变化，学校始终坚守师范教育主阵地，赓续师范传统，突出师范特色，厚植师范情怀，着力在筑基提质、做强做优师范教育上下功夫。2021 年，为优化专业结构，规范专业建设，提升人才培养质量，学校启动本科专业优化调整工作，共停招 22 个本科专业，本科招生专业从 57 个调整为 35 个，但其中的 17 个师范专业一个都没有缩减，基本覆盖基础教育的所有课程，在校生中，师范生人数占比超过 50%，上饶师范学院是一所真正以师范办学为主体、厚植师范情怀的大学。近年来，学校获批的 2 个国家特色专业、1 个教育部综合改革试点专业、1 个省一流学科、7 个省一流本科专业，均为师范专业所结硕果。

习近平总书记强调，教师是立教之本、兴教之源。学校始终坚守教师教育责任田，始终牢记"培养什么人、怎样培养人、为谁培养人"的问题，坚持把理想信念教育、爱国主义教育贯穿人才培养全过程，突出"五育并举"的办学特色，着眼于学生的全面发展，着力培养"四有"好老师，取得了良好的成效。办学以来，学校累计培养基础教育师资 10 万人，其中 80% 毕业生都扎根在江西基础教育一线，一大批毕业生成为我省基础教育的管理骨干和教学骨干。据不完全统计，上饶市 12 个县(市、区)24 所公办高级中学有十余位现任校长毕业于我校，公办初级中学中有一百多位校长

是我校校友,上饶市各中小学至少有60%骨干教师毕业于我校。一批毕业生已经成长为"全国模范教师""最美教师""全国优秀教师""全国三八红旗手"以及"全国五一劳动奖章""苏步青数学教育奖"等奖项获得者。上饶师范学院为上饶和江西基础教育事业的发展作出了重要贡献。

目前,学校对标师范专业认证集中组织开展教育实习的要求,已顺利组织完成了2017级及之后师范生全员集中组织教育实习工作,本学期即将开展新一级师范生全员集中组织教育实习工作,需要各位指导教师共同努力。在此,我们再次发出倡议,希望各位指导教师,承教书育人之初心,做"安教""乐教""善教"的好老师。

第一,在教育实习指导中显师心。实习生初入职场,各方面实践经验还不足,将学科专业知识应用于实践教育场景的能力较为薄弱,亟待各位指导教师以导师身份现场执教,躬身示范。

第二,在教育实习带队中有初心。实习生走入实习学校这个新场域,对各方面情况还不熟悉,需要一段时间来适应,亟待各位指导教师以亲人身份切身关心实习生们的生活,了解实习生的心理状态。

第三,在创新饶师经验中展匠心。实行线上线下混合实践教学模式,实习期间,恳请大家边研边改,不断拓展课程手段、丰富课程内容,提高针对性,打造和建设"金课";恳请各位指导教师按既定计划与目标做好指导,守护好学生在校的"最后一公里";实习结束后,恳请大家及时总结教学规律和混合式实践教学的有效经验,为进一步提升学校教育教学和人才培养质量打下坚实基础。此外,还请大家将师德体验与专业教学有机结合,充分发挥课程思政效能,共同做好助力振兴乡村基础教育、弘扬正能量的"传播者"和学生成长的"守护者"。

雷动风行惊蛰户,天开地辟转鸿钧。指导教师们,让我们共同努力,在接下来的一学期里,为师范生培养交出一份满意的答卷,为上饶和江西基础教育事业的发展作出更大贡献。

上饶师范学院

二、上饶师范学院教育实习带队指导教师须知

教育实习是本科人才培养方案中独立设置的必修集中性实践环节,是我校所有师范生必修的综合实践课程,是培养师范生践行师德、学会教学、学会育人、学会发展的重要教学环节。

教育实习包括师德体验实习、教学工作实习、班主任工作实习及基础教育调查与研究。实习生在教育实习基地学校集中实习时间不少于16周。学校集中组织教育实习,保证师范生实习期间的上课时数。

教育实习带队指导期间,必须严格遵守国家法律法规、《上饶师范学院教育实习管理办法》和学校的各项规章制度;熟悉我校教育实习的目标、内容、考核标准及时间安排,按照学校部署安排,提前与实习学校沟通,确认实习岗位、指导教师安排及食宿等后勤保障,切实保证实习安全,明确纪律要求、安全规范;要求实习生遵守实习学校规章制度,严禁擅自离岗或参与高风险活动,禁止实习生私自发布实习学校学生照片、个人信息等敏感内容,禁止实习生接受学生或家长礼品、宴请等;认真指导实习生备课、试讲,审核教案并提出改进建议,协助实习生熟悉班主任工作,参与班级活动、学生谈心等各项实习任务;定期与实习学校领导、指导教师交流,反馈实习生表现并协调解决问题;及时向学校实习管理部门提交实习简报(如出勤、实习进展、突发事件、美篇等)。

在教育实习带队指导期间,结合实习学校指导教师反馈及巡查记录,对实习生进行阶段性评价,是客观评价实习生实习表现的重要方式。通过阶段性评价,让实习生及时了解自己在实习过程中的优点和不足,明确努力的方向,激励他们不断改进和提高自己的实习表现。

定期组织实习生交流分享会,鼓励实习生反思交流,是促进实习生共同成长的重要平台。在交流分享会上,实习生们可以分享自己在实习过程中的成功经验和遇到的困难挫折,相互学习、相互启发,共同探讨解决问题的方法和策略。同时,指导实习生撰写教学日志,记录实习过程中的点点滴滴,包括教学心得、班级管理体会、与学生和家长的交流情况等,让实习生在回顾和总结中不断反思自己的实习表现,积累经验教训,提升自己的教育教学能力。

定期组织小组研讨分享经验,进一步深化实习生之间的交流与合作。小组研讨可以让实习生从不同的角度思考问题,拓宽思路,共同探讨教育教学中的热点难点问题,分享各自的教学方法和班级管理经验,形成良好的学习氛围和团队合作精神,促进实习生的共同进步。

结合实习表现,帮助实习生分析自身优势与不足,明确发展方向,是教育实习的最终目的之一。带队指导教师要深入了解每位实习生的特点和优势,同时指出他们在实习过程中暴露出的不足之处,为实习生提供个性化的指导和建议,帮助他们制定合理的职业发展规划,明确未来努力的方向,使他们在实习结束后能够更好地适应教师职业的要求,为成为一名优秀的人民教师奠定坚实的基础。

三、国家相关文件

1. 《教育部关于大力推进教师教育课程改革的意见》(教师〔2011〕6号)
2. 《教育部关于印发〈幼儿园教师专业标准(试行)〉〈小学教师专业标准(试行)〉和〈中学教师专业标准(试行)〉的通知》(教师〔2012〕1号)
3. 《教育部关于加强师范生教育实践的意见》(教师〔2016〕2号)
4. 《教育部关于印发〈普通高等学校师范类专业认证实施办法(暂行)〉的通知》(教师〔2017〕13号)
5. 《教育部关于加强和规范普通本科高校实习管理工作的意见》(教高函〔2019〕12号)
6. 《中共中央 国务院关于弘扬教育家精神加强新时代高素质专业化教师队伍建设的意见》(2024年8月6日)

四、上饶师范学院师范生"双导师制"实施办法

饶师院字〔2021〕93号

为有效贯彻《国家中长期教育改革和发展规划纲要(2010—2020年)》《教育部关于大力推进教师教育课程改革的意见》(教师〔2011〕6号)和《教育部关于实施卓越教师培养计划的意见》(教师〔2014〕5号)等文件精神,积极构建"三位一体"教师协同育人机制,大力推进UGS合作,加强实践教学,切实落实师范专业人才培养方案,努力营造良好的实践育人环境,形成全员育人、全程育人、全方位育人氛围,努力提高教师教育专业人才培养质量,结合学校实际,制订本办法。

第一条 "双导师制"是以教师教育专业学生为教育、服务与管理的对象,由高校教师(以下简称"校内导师")与幼儿园、小学、初中、高中、中职教师(以下简称"校外导师")共同指导和培养人才,对教师教育专业学生实施全过程协同育人的机制。校内导师主要负责对教师教育专业学生的师德师风、专业基础知识、教学理论与教学技能、教育实践进行指导;校外导师主要负责指导教育专业学生从教技能训练,"临床诊断"师范生课堂教学实践,以及指导教师教育专业学生角色转换和专业发展。"双导师制"实施目的在于大力提升教师教育专业人才培养质量,以培养符合地方教育事业发展的高素质应用型人才。

第二条 基于"三位一体"的教师协同育人机制,根据我校与上饶市教育局及各县市区签订的《共建UGS合作机制协议书》,成立由上饶师范学院、各县市区教育局、各基础教育学校联合组成的"双导师制"工作委员会,全面负责"双导师制"工作。工作委员会下设办公室,具体负责"双导师制"管理制度制定、课程安排、校内外导师的遴选和聘任、导师工作质量的考核和检查评估等。

第三条 导师任职资格

(一)校内导师聘任条件

1. 具有良好的思想政治素质、职业道德素质、科学文化素质和身体心理素质。
2. 教学理论扎实,专业技能和教学技能娴熟,知识结构合理,教学经验丰富。
3. 了解基础教育,熟悉基础教育课程改革,熟知国家基础教育改革政策和走向。
4. 具有较强的教研能力和较丰富的教研经验。
5. 具有中级及以上职称或硕士以上学位。

(二)校外导师聘任条件

1. 具有良好的思想政治素质、职业道德素质、科学文化素质和身体心理素质。
2. 有较好的教育理论素养,乐于参与对师范生的培养。
3. 教育教学基本功扎实,教育教学经验丰富,教学成绩突出。
4. 具有较强的学科教研能力,有一定的教育教学研究成果。

5. 具有中教一级或小(幼)教高级职称,或本科以上学历。

第四条 导师的聘任

校内导师由二级学院推荐,教务处遴选产生;校外导师通过各县市区教育局或实践基地推荐产生。"双导师制"工作委员会对被推荐人员进行资格审查、公示、聘任。具体程序如下:

(一)担任师范生导师的校内外导师须填写《上饶师范学院师范生导师情况表》,校内导师由各专业教研室进行资格审查,由各二级学院党政联席会议审核确认。校外导师由各基础教育学校进行资格审查,各县市区教育局审核确认。

(二)校内导师每人指导实习生不少于40人,校外导师每人指导实习生不超过4人。

(三)"双导师"的聘任原则上实行一年一聘,其间不能随意更换指导实习生。

第五条 导师职责

(一)校内导师职责

1. 校内导师需以身作则,言传身教,关心实习生的思想、工作和生活,督促实习生遵守纪律,指导实习生完成实习任务。具体职责是:

(1)做好实习前的准备工作。初步了解实习生的思想、学习情况,学习有关实习文件、大纲和教材,了解实习期间有关学科教学进度和准备到实习学校后第一周的活动安排。

(2)与原任课教师密切配合,组织和指导实习生认真钻研教材,编写教案。组织好集体备课和试讲,听实习生讲课,全面掌握教学实习情况,及时发现并解决有关问题。主持评议会,总结推广经验。

(3)协同原班主任指导并组织实习生制订班主任工作计划,指导实习生了解、分析班集体和个别学生的情况,帮助解决实习工作中的有关问题。

(4)协同原任课教师和原班主任做好教学和班主任实习的成绩评定工作。

(5)指导实习生做好实习鉴定和实习总结工作,负责实习队的总结报告。

(6)加强与实习学校各方面的联系,协调和处理好与实习学校的关系,对于难处理的问题,及时向二级学院领导或教务处报告。

2. 校内导师注意收集保存工作过程及开展活动成果的相关材料和照片(包括:实习生与带队指导导师、实习学校指导导师、实习学校学生交流及在实习学校听课、备课、研课、讲课、批阅作业及试卷、参与教研活动、组织主题班会等教育实习工作过程与开展活动的电子照片)。

3. 校内导师按照教育实习手册、教育实习成绩鉴定表上的相关要求完成导师评语等相关材料。

4. "双导师制"工作委员会管理办公室后期将继续完善相关文件,进一步明确校内导师职责。

(二)校外导师职责

1. 积极更新教育教学理念,努力把握教师教育理论与实践改革动态,掌握基础教育教师教育课程改革相关政策。

2. 认真对学生进行教师职业道德教育和专业认同教育,巩固学生的专业情感,帮助学生掌握扎实的教育教学技能,指导学生完成各项教学技能训练任务。

3. 熟悉上饶师范学院人才培养方案,对学生进行生涯规划指导,并为学生"考证"和"考编"提供有效服务。

4. 根据学生的学习情况、能力素质、个人特点指导学生选择专业方向,有目的地指导学生参加本校教研活动,培养学生的教研意识和教研能力。

5. 指导学生备课和进行教学设计,帮助学生完成各项见习、实习和研习任务,带领实习生参与班级管理,努力培养学生的课堂教学技能,提高学生的管理水平,铸牢学生教学基本功。

6. 指导学生学习应用现代教育技术,进行课件设计与制作,帮助学生开展教学案例探究、课程资源开发。

7. 积极指导学生进行基础教育教学调研,帮助学生完成毕业论文/设计。

8. "双导师制"工作委员会管理办公室后期将继续完善相关文件,进一步明确校内教师职责。

(三)校内外导师要精诚合作,互动交流,协同指导学生的专业学习和"三习"工作,培养其创新教学技能及与之相关的各种能力。

第六条　导师工作考核

(一)导师工作考核由"双导师制"工作委员会管理办公室统一组织,每学期进行一次。校内导师考核纳入教师的学年年度考核。

(二)导师在对实习生的指导过程中,如出现教学事故、违规行为或考核不称职者,取消其导师资格。

第七条　导师待遇

(一)校内导师工作量根据本校《教学工作量计算办法(试行)》规定,计算基本教学工作量。校外导师工作量津贴总量按照学校相关办法计算。

(二)导师教学工作量实行学期考核发放制。每学期结束,"双导师制"工作委员会管理办公室对导师工作量进行审核后,交教务处复核,由学校统一发放工作量津贴。考核结果不合格者,适当扣除工作量津贴,并取消其导师资格。

第八条　附则

(一)本办法未尽事宜,以后期相关部门的规定为准。

(二)本办法由学校教学工作委员会负责解释。

(三)本办法自发布之日起实施。

五、上饶师范学院混合编队式教育实习网络支持平台使用手册

扫码阅读使用手册

六、上饶师范学院教育实习网络支持平台使用说明

各位指导教师：

根据师范专业认证专家提出的整改要求，为进一步提升指导教师教育实习管理与指导能力，规范过程管理与指导，提高实习质量与成效，完善实习带队指导过程跟踪管理与材料收集存储工作，教务处基于学习通课程平台建设了师范生"教育实习网络支持平台"（图1），现将具体使用事项说明如下：

教育实习网络支持平台中建设有教育实习动态与成效、教育实习基地指南、"学科混编实习"课程化平台、"学科统编指导"课程化平台、教育实习专家指导工作坊、师范生教育实习网络研修数字化资源六大模块（图2—6）。

扫码阅读使用说明

图1

专题一　教育实习工作基本要求

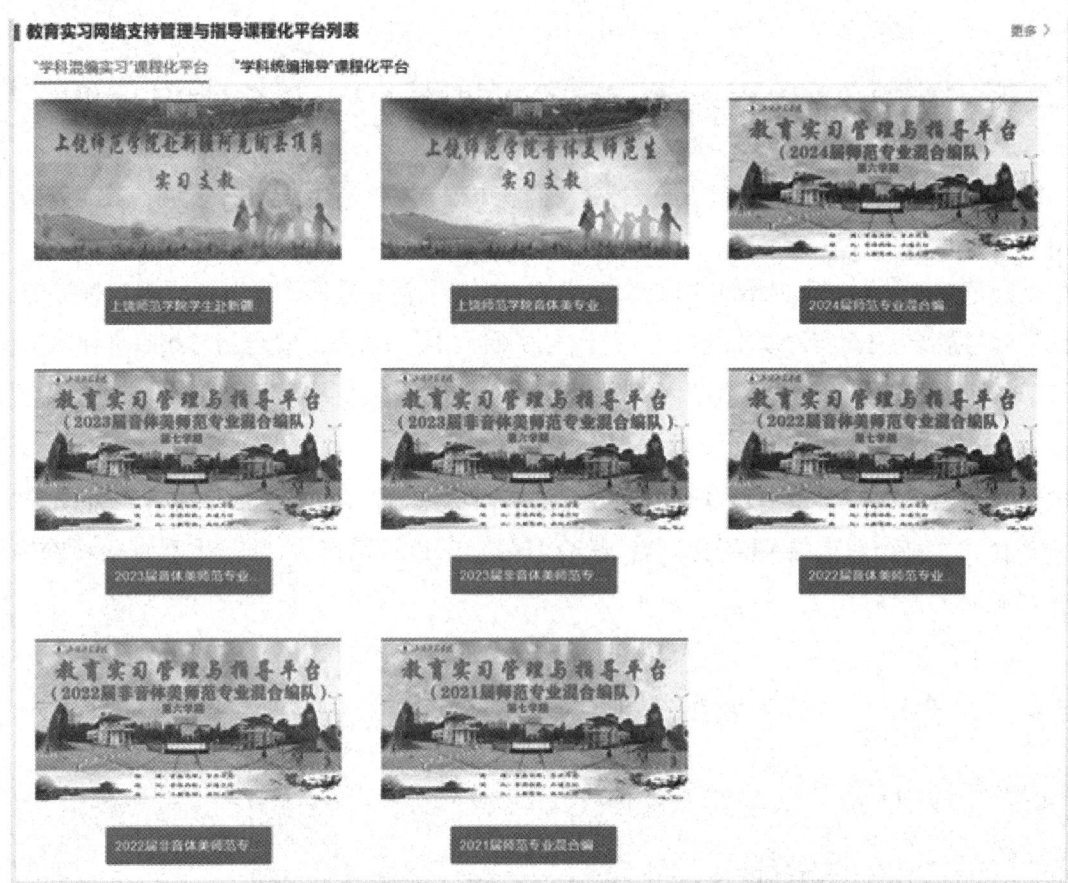

图 2

图 3

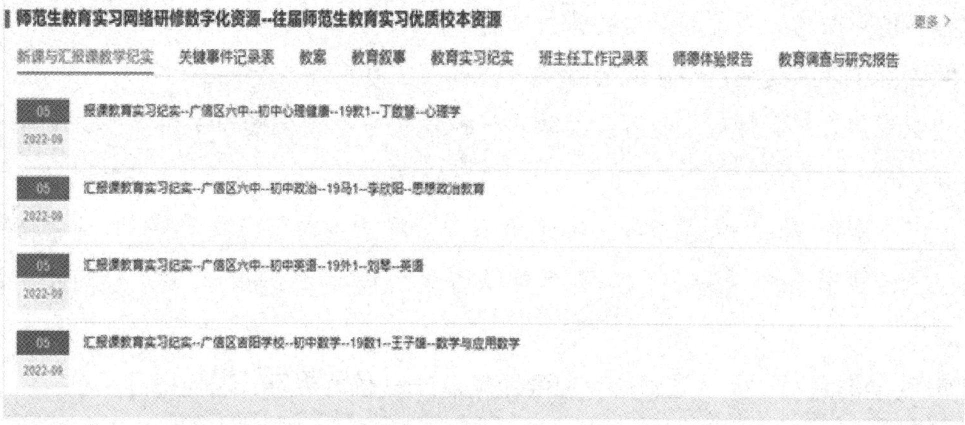

六、上饶师范学院教育实习网络支持平台使用说明

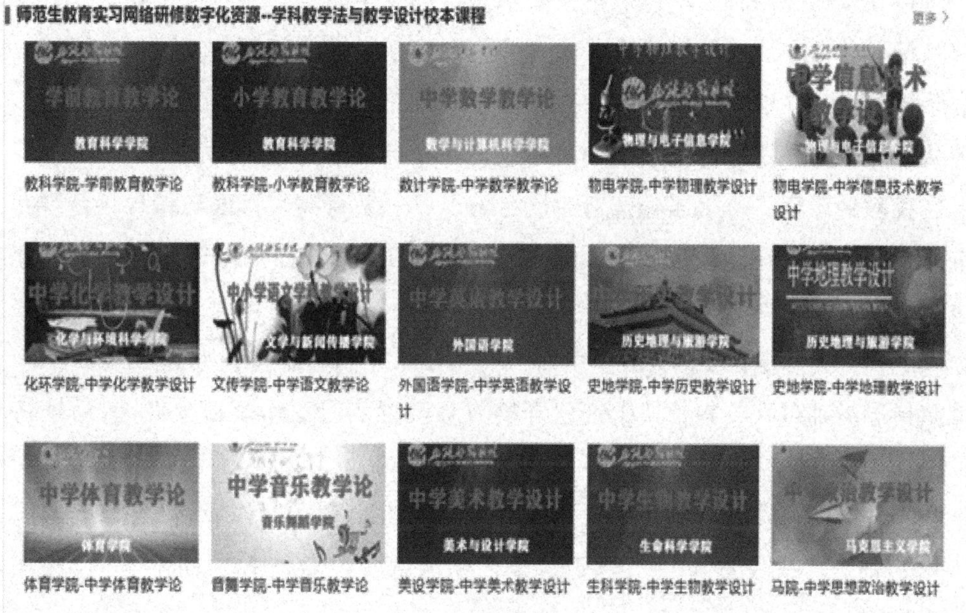

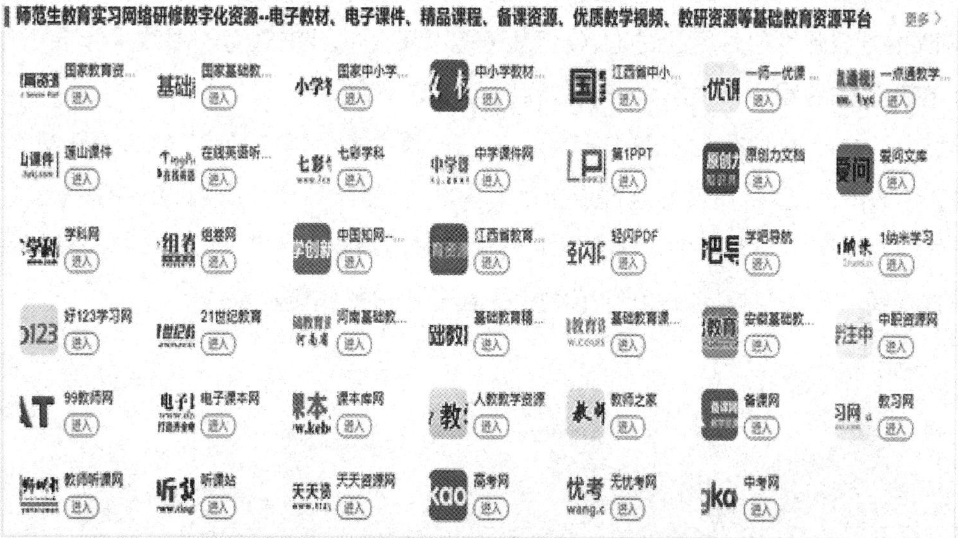

图 4

图 5

图 6

目前在各位带队指导教师的学习通课程中有：

我学的课程："××届师范专业混合编队——教育实习管理与指导平台"。

我教的课程："××届师范专业混合编队——教育实习管理与指导平台"和"××学科——教育实习指导平台"。

教务处已在课程平台上创建了各实习队班级并分配给各位带队指导教师，请各位带队指导教师在自己所带队指导的"学科混编实习"实习队班级和"学科统编指导"实习队班级中认真做好以下若干事项。

(一) 在我学的课程："××届师范专业混合编队——教育实习管理与指导平台"中

1. 带队指导教师在课程内容板块中开展好自主学习；
2. 带队指导教师在课程活动板块中按要求做好周一至周五的实习点位置签到打卡；
3. 带队指导教师在课程通知板块中阅读并执行好学校发布的教育实习工作通知；
4. 带队指导教师在课程作业板块中提交好学校发布的教育实习工作任务；
5. 带队指导教师在课程讨论板块中参与好带队指导工作专题研讨。

(二) 在我教的课程："××届师范专业混合编队——教育实习管理与指导平台"中

1. 带队指导教师可在活动板块中做好实习队实习生每日签到工作（实习同学在此平台上打卡，完成实习任务情况列入实习成绩鉴定考核；学习通后台已统一给各实习队设置好"××年春季××级师范专业学生集中教育实习学生每天实习学校定点打卡位置签到"活动）；
2. 带队指导教师可在资料板块中创建好实习队教育实习工作资料文件夹，后期将本实习队教育实习工作材料都上传至此文件夹中（有多个实习点的，要分开实习点创建）；
3. 带队指导教师可在作业板块中发布实习队实习生教育实习作业，督促好实习队实习生按时提交作业（目前务必先设置好"上传签好的实习生教育实习安全承诺书材料""上传实习生实习期间的请假材料"这两次作业任务）；
4. 带队指导教师可在通知板块中进行本实习队教育实习工作通知发布；
5. 带队指导教师可通过主题讨论、分组任务等活动形式开展教育实习线上指导工作。

(三) 在我教的课程："××学科——教育实习指导平台"中

本学院带队指导教师要充分运用"××学科——教育实习指导平台"对本学科专业所有实习生进行线上学科专业指导，建设好学科指导章节内容、分享学科专业资源、开展学科专业研讨等。

教务处鼓励带队指导教师多多研究以上教育实习网络支持平台的应用，充分发挥平台优势，规范开展教育实习管理与指导，提升师范类专业教育实习整体质量。

专题二　教育实习工作指导

教育实习工作指导对于提高职前教师教学能力与综合素养具有关键作用。然而,在实然层面,受狭隘实践观的影响,不少教育实习工作指导聚焦教学实践的技术层面,致使教育实习工作指导或窄化为技能技巧的培养,或简化为教学知识的单向传递。实习过程中对教学指导内容的窄化或简化,归根结底是由于缺乏明晰的价值追求和科学的指导理论。因此,需深入了解当代国内外教育实习工作指导理论取向。

目前,当代西方教育实习工作指导理论取向主要分为实证主义理论、现象学理论、批判理论与生态系统理论取向等四种(表1)。

第一种取向为实证主义理论取向,其强调感性经验的可视化,在教育实习工作指导中体现为注重指导教师感性经验的规范化呈现,并将其转化为可复制的教学技能。在实证主义理论取向中,指导教师是客观知识的传递者与教学实践的教导者,强调精准、规范,职前教师多是知识的被动接受者;实证主义理论取向有助于职前教师在短时间内掌握未来教学所需的基本教学技能。但在具体情境中,教育实习工作时常表现出复杂性,单靠实证主义理论取向客观、精确的规范,很难统摄不同教学情境下的教育实习工作,也较难彰显实习指导中的人文关怀,容易落入工具化的窠臼。

第二种取向为现象学理论取向,其注重人文关怀,实习指导教师的职责更多的是担任人际关系顾问,在实习指导中,关注职前教师的社会化过程,以及职前教师的人际关系、教育实习共同体(职前教师、实习学校指导教师、高校指导教师)的人际关系性质。关系视域下的教育实习工作指导注重对职前教师生命个体的关心与尊重,主张建立与职前教师之间的"关心"关系,同时引导职前教师建立与实习学校学生之间的"关心"关系,在融洽的关系建构中,促进职前教师逐步生成属于自己的教学风格与具有创见的教学方案,进而推进教学实践的意义生成。但是,教学是嵌套在社会构建框架下的反思、道德和伦理行为,现象学理论取向实习指导缺少对教学嵌入社会框架的认识。

第三种取向为批判理论取向,其注重对职前教师批判与反思能力的培养,通过经验、观点、理念的分享,促进职前教师专业、协作等关系的发展,具体形式包括书面与口头作业、个人与团体活动、周例会、在线会议、研讨会汇报等。

第四种取向为美国学者科普兰提出的生态系统理论取向,其注重生态环境系统的整体关联,主张多维互动,这一理论对教育实习工作指导的启示是,应倡导教育实习工作指导教师开展对实习制度环境、学校人文环境、物理环境等不同要素的全面考察,理解不同要素对于教育实习工作指导的作用,开展符合教育实习制度要求与职前教师发展需求的教育实习工作指导。在生态系统理论视角下,指导教师的角色定位为教育实习工作指导共同体的参与者与跨机构沟通的示范者。

表1 当代西方四种理论取向教育实习工作指导一览表

理论取向	思想基础	指导教师角色	实习指导内容	实习指导方式
实证主义理论取向	客观科学、主客二元	客观知识传递者、教学实践教导者	聚焦教学技能	主张单向传授
现象学理论取向	意义生成,交互主体	人际关系顾问、意义教学推动者	关注师生互动和教学的意义生成	注重双向互动
批判理论取向	反思批判,追求解放	批判反思的倡导者、引领者	注重对教学实践的批判反思	倡导行动改变
生态系统理论取向	整体关联,多维互动	教育实习指导共同体参与者与跨机构沟通示范者	关注教学生态环境	注重示范引导

教育实习工作指导不仅关涉方法、策略以及指导关系建构,还需建立实习制度、专业规范、具体实践等宏观、中观、微观各层面的有机关联。四种理论取向从不同层面开展对实习指导的解读,展示了多元化的实习指导图景。概括而言,在指导实践中,需构建双向互动的教育实习工作指导关系;需具备涵盖教学技能、创新意识与批判精神的多元化教育实习工作指导内容;应注重高校与实习学校的多层面、多维度的有机关联,加强实习学校指导教师、高校教师、职前教师等教育实习主要参与方在学术、教学、管理等多层面的沟通与交流,探索跨地区、跨学科组建教育实习共同体机制,共享并丰富教育实习所需的知识资源、文化资源与社会资源,促进教师实习质量的提升。

一、师德体验实习指导

习近平总书记在中国人民大学考察时强调:"广大教师要严爱相济、润己泽人,以人格魅力呵护学生心灵,以学术造诣开启学生智慧,把自己的温暖和情感倾注到每一个学生身上,让每一个学生都健康成长,让每一个孩子都有人生出彩的机会。"这为广大教师如何更好成长为有爱心、有责任、有情怀的好老师提出了新的更高要求,指明了奋斗方向。人才培养,关键在教师,首要在立德。

党的二十大报告明确提出了实施科教兴国战略,并指出办好人民满意的教育,全面贯彻党的教育方针,落实立德树人根本任务,培养德智体美劳全面发展的社会主义建设者和接班人,加快建设高质量教育体系,发展素质教育,促进教育公平。习近平总书记强调:"迫切需要我们的教师既精通专业知识、做好'经师',又涵养德行、成为'人师'。"

"学高为师,身正为范。"教师品德的示范性与作风的传感性,是任何职业都无法比拟的。师德师风的好坏,不仅仅影响学风、校风、教风,甚至还影响世风。"才者,德之资也;德者,才之帅也。"只有师德为先,师德引领,师德辐射,教育才会朝着健康的方向发展。只有把师德师风作为评价教师的第一标准,突出师德师风在教师评价中的首要地位,才能培育出"有理想信念、有道德情操、有扎实学识、有仁爱之心"的新时代"四有"好老师。教育的特殊使命不是对器物的塑造,而是塑造人。塑造人不是靠强制、靠惩罚、靠训诫,甚至不能仅仅靠言说与技艺,而是以心感人,以行示人,以德化人。这就决定了教育的根本目标就是立德树人、教书育人,就是为党育人、为国育才,就是培养德智体美劳全面发展的社会主义建设者和接班人。只有坚持把师德表现作为教师资格认定、业绩考核、晋职晋级、评优奖励的首要标准,才能真正扭转重科研轻教学、重教书轻育人等错误导向,真正实现立德树人。

(一) 弘扬教育家精神

2024年9月召开的全国教育大会,是在实现以中国式现代化全面推进强国建设、民族复兴伟业的关键时期召开的一次十分重要的大会。习近平总书记在会上发表重要讲话,强调要"实施教育家精神铸魂强师行动""培养造就新时代高水平教师队伍"。强国必先强教,强教必先强师。要深刻领会新时代提升教师教书育人能力的必要性和紧迫性,深入探究教育家精神在提升教师教书育人能力中发挥的重要作用,探寻弘扬教育家精神、提升教师教书育人能力的实践路径,这对助推新时代高质量教师队伍建设、扎实推动教育强国建设具有重要的理论价值和实践意义。

1. 教育家人物事迹之一

陈立群:帮助更多的孩子接受更好的教育

一个享受国务院特殊津贴的教育专家、浙江省一级重点中学学军中学原校长,花甲之年受聘担任贵州台江县民族中学校长,分文不取,扶贫支教,一干就是四年。

更令人没有想到的是,2020年8月卸任校长之后,本可以颐养天年,但他依然放不下贵州的孩子们,一年多时间里25次奔波于杭州与台江之间,续写教育情怀!

他就是"时代楷模"陈立群,一个为教育而生的人,一生只做一件事——做好人,教好书。在他出版的专著《我在苗乡当校长》中,我们找到了他烛照苗乡的初衷——帮助更多的孩子接受更好的教育,让教育扶贫彻底"斩断"贫困的代际传播。

"授之以渔,留下带不走的教师队伍"

今年8月,陈立群终于松了一口气。台江县民族中学传来高考喜报:上二本线以上的学生698人,其中一本线以上263人,破天荒第一次有一名学生考上了清华大学。

"今年的高考成绩与我当校长时不相上下。"陈立群开心地说,"这充分印证了台江县民族中学教师的精气神、学生的上进心、领导班子的战斗力得到了显著提升。"

"所有的帮扶总是暂时的,所有的支教总是要结束的,关键在于增强贫困地区教育可持续发展的造血功能。"这是他对支教工作的看法。如何变"输血"为"造血"?一时治校的成效如何长久保持?他早就把当地培养骨干教师纳入了计划。

在他的出资和推动下,台江县民族中学实施《青年教师培养行动计划》,针对不同教师情况推出了"小荷工程""青蓝工程""名师工程"培养计划,建立了"同课异构"的教学方法。

他个人出资在台江县民族中学设立奖教金,分设爱心奖、责任奖和育才奖3个奖项,每年奖励9名优秀教师。奖教金已陆续发放五届,共计22.5万元。

他还利用自己的资源和人脉,建立"走出去"培养制度,派出教师到杭州市重点中学学习……

尽管卸任了校长职务,他依然担任着黔东南苗族侗族自治州教育顾问、台江县教育总顾问和台江县民族中学名誉校长。利用贵州省教育厅成立的"陈立群名校长领航工作室"平台,他义务授课,主动担任台江县初中、小学校长导师,并到贵州各地义务作报告、开讲座,接受培训的校长、教师超过1万人次。

2021年下半年,贵州省教育厅推出"贵州省民族地区基础教育质量提升行动计划",邀请他担任专家委员会副主任委员。迄今为止,他带领专家团队去了威宁、望谟、册亨、施秉、黄平、印江等县的30多所学校,且大多是乡村学校。每到一县,他都要给全县校长和副校长开讲座,解剖台江县民族中学的成功案例。每到一所学校,他都认真调研,给出诊断后的改进意见。

"给孩子一点光亮,他还你一片天空"

卸任校长离开台江前,陈立群收下了台江县民族中学赠送的一份特别"礼物"——38名考上大学的贫困生名单。

一回到杭州,他四处奔波联系结对38名贫困生,逐个落实他们上大学的费用。说到这里,他特别感谢杭州扶贫帮困热心公益的爱心人士们,在他们的热心帮助下,孩子们的求学费用问题很快得到了解决。

人身处困境的时候,也许只需要一个机会。陈立群出身农村,几度辍学,选择支教就是为了让更多的人接受更好的教育。"以平常心做平常事,我到台江后,学校高考成绩连年提升,说明苗族孩子是聪明的。他们所需要的,就是一个接受更好教育的机会。"陈立群说。

台江县民族中学有3 000多名学生,超过三分之一的学生来自建档立卡贫困家庭。"生活上遇到困难的时候,来找我。"这是陈立群对学生们许下的承诺。在担任校长期间,他以个人名义资助的学生就有60多人,累计资助金额超过10万元。

"尊敬的校长:感谢您对我的帮助。您就像一盏灯,照亮了我的心灵,使我的生命有了一丝光彩……"陈立群手上有厚厚一沓学生写给他的信。每封信都字迹工整,字里行间流淌着真实情感。

"教师对学生是否付出真爱,他们都能感受到。"陈立群说。5年多来,他走进了300多个贫困家庭,了解贫困家庭孩子的生活状况,并给予适当资助。不仅如此,他还动员杭州的朋友们一起去家访。去年暑假,一位企业家朋友的儿子跟着他到台江家访,累计发放了50多万慰问金。2001年,他在杭州市长河高级中学创办了浙江省内首个宏志班,受宏志精神感召的学生们成立了"台江县民族中学宏志助学基金",已资助80多万元。

"寒门何以出贵子?很多时候就是靠关键时刻有人拉一把。一个都不能少我做不到,我所能做的就是拉住一个是一个。"陈立群说。

"给孩子一点光亮,他还你一片天空。"在《人民教育》杂志刊登的一篇文章中,陈立群写道,"如果学校教育是一种唤醒和发现,我多么希望自己就是一条盘瓠,苗族神话中神勇的龙犬,用敏锐的嗅觉去发现孩子身上的闪光点,用不厌其烦的吠声去唤醒每一个孩子的内在潜能……"(记者 陆健)

(《光明日报》2021年12月30日04版)

2. 教育家人物事迹之二

"时代楷模"先进事迹——张桂梅

张桂梅,女,满族,1957年6月出生,中共党员,云南省丽江华坪女子高级中学党支部书记、校长,华坪县儿童福利院院长。曾荣获"时代楷模""全国优秀共产党员""全国先进工作者""全国师德标兵""全国最美乡村教师""全国脱贫攻坚楷模""感动中国2020年度人物"等荣誉称号。

张桂梅同志坚守教育报国初心,牢记立德树人使命,扎根贫困地区40多年,立志用教育扶贫斩断贫困代际传递,倾力建成全国第一所全免费女子高中,让1 600余名贫困山区女学生圆梦大学,托举起当地群众决战决胜脱贫攻坚的信心希望。

张桂梅同志坚守初心、对党忠诚,响应党的号召,毅然到云南支援边疆建设,跨越千里、辗转多地,无怨无悔。她创办免费女子高中,帮助数千名山区女孩改变命运,为国家输送了一批又一批莘莘学子。她坚决贯彻党的教育方针,将坚定的理想信念融入办学体系,用红色教育为师生铸魂塑形。2000年,她在领取劳模奖金后,把全部奖金5 000元一次性交了党费。她把对党的忠诚和对人民的热爱渗透在血脉里,在她身上充分体现着一名共产党员初心如磐的精神品质和至诚至深的家国情怀。

张桂梅同志爱岗敬业、爱生如子,为了不让一名女孩因贫困失学,坚持家访11年,遍访贫困家庭1 300多户,行程十余万公里。她长期拖着病体工作,超量的付出透支了原本羸弱的身体,换来女子高中学生学习的好成绩。她不遗余力践行着"只要我还有一口气,就要站在讲台上"的诺言,用实际行动铺就贫困学子用知识改变命运的圆梦之路。多年来她一直住在学生宿舍,和孩子们吃住在一起,陪伴学生学习生活。她在教书育人岗位上为贫困地区教育事业作出了重要贡献,在她身上充分体现了人民教师潜心育人的敬业精神和立德树人的使命担当。

张桂梅同志执着奋斗、无私奉献,心怀大我,对自己近乎苛刻的节俭,却把工资、奖金和社会各界捐款100多万元全部投入到贫困山区教育中。长期义务兼任华坪福利院院长,多方奔走筹集善款,20年来含辛茹苦养育136名孤儿,被孩子们亲切称呼为"妈妈"。她把全部身心献给了祖国西南贫困山区的教育和福利事业,在她身上充分体现了人民教师以德施教的仁爱之心和至善至美的师者大爱。

(中华人民共和国教育部官网)

3. 教育家人物事迹之三

人民教育家先进事迹——于漪

于漪,女,汉族,1929年2月7日出生,中共党员,上海市杨浦高级中学名誉校长,曾任全国语言学会理事、全国中学语文教学研究会副会长。长期躬耕于中学语文教学事业,坚持教文育人,推动"人文性"写入全国《语文课程标准》。主张教育思想和教学实践同步创新,撰写数百万字教育著述,许多重要观点被教育部门采纳,为推动全国基础教育改革发展作出突出贡献。曾荣获"全国先进工作者""全国三八红旗手""全国教书育人楷模"等荣誉称号,2019年9月17日,国家主席习近平签署主席令,授予于漪"人民教育家"国家荣誉称号。

颁奖词:她已是90岁的耄耋老人,有着60年的教学生涯。她依然活跃在语文教学改革的第一线,坚守"在讲台上用生命唱歌"。她深爱着学生,痴迷着语文教学。"我做了一辈子教师,但一辈子还在学做教师!"她用这样的话语不断地鞭策着自己,也勉励着更多的青年教师。于漪,师者的楷模。

一、信仰

中华民族艰苦奋斗的精神和深厚灿烂的文化使我激动不已,我常为自己是中华民族的一员而感到自豪和骄傲,更始终意识到自己重任在肩,要终身进取,做一名"合格"的教师。

——于漪

"树中华教师魂,立民族教育根",是她教育生命的原动力

于漪从教68年,从一名普通教师成长为共和国的人民教育家,最重要的动力何在?

高度自觉的使命与信仰!

自打从教那天起,于漪就有明确的使命追求。母校江苏省镇江中学的校训"一切为民族"伴随她终身。"求学为什么?从愚昧走向文明,就要立志为解救苦难的民族于水深火热之中……"当年老师激昂的话语引导着于漪的人生追求。"'一切为民族'这五个大字掷地铿锵,镌刻在我心中,成为我铸造师魂的基因。"

她念兹在兹的是民族复兴、国家富强。"过去,正是我们民族的奋斗精神与无数先贤的奉献牺牲,才有中国人民站起来的新中国;今天,祖国的繁荣和民族的振兴依然需要我们每一个人全身心地投入与付出。作为中华儿女,我深感自己肩负的历史责任,天下兴亡,匹夫有责。"

她说,"树中华教师魂,立民族教育根"是自己终生奋斗的目标、始终不变的精神追求。"我一个肩膀挑着学生的现在,一个肩膀挑着祖国的未来。""我的理想是做一名合格的教师。所谓合格,就是不负祖国的期望、人民的嘱托。"

崇高的信仰,推动着于漪一步一步攀登上教育的"珠穆朗玛"。

生活是信仰的重要源泉。生于1929年的于漪,早年饱受艰辛。"国家被侵略,遭灾难,普通

老百姓家同样遭殃,受罪,童年快乐美好的生活被炮火打得烟消云散。社会现实的教育历历在目,难以忘怀。"爱党爱国,为民族振兴而不懈奋斗,早已成为他们的精神基因。

炮火连天中,于漪辗转求学:先是以优异成绩考入江苏教育学院附属师范学校;一年后因学校调整,再考入省立淮安中学;读了一个学期,淮安中学搬迁,又考入刚刚复校的镇江中学。

初中教国文的黄老师,每堂课都全身心投入,走进教材与文中的人同悲同喜,身历其境,自己感动,然后再向学生放射文字波、情感波。他的课堂深深感动了于漪。

高中数学毛老师,不但教给了于漪严密的逻辑思维,而且教会了她严谨的做人道理。一次数学期中考,同桌的女同学要于漪帮帮忙,免得再不及格。同学之间讲义气,考试时于漪把一道题的解法写在纸条上递给她时,被毛老师发现了,他一把抓走了纸条。试卷发下来,她俩都是零分。"谁知毛老师还不罢休,把我找去说了一顿。有几句至今我还记得:'你这是帮助同学吗?歪门邪道。她有困难,不懂,你可以跟她一起学,讲给她听,还可来问我。用这种投机取巧不诚实的方法,不是帮她,是害她。你好好想想。'离开办公室时,他又加了一句:'学习和做人一样,老老实实,懂吗?'"这件事于漪刻骨铭心,"从此,我做任何事情都要想一想:是否'老老实实'?是否想'投机取巧'?"

上了复旦大学,于漪碰到了许多"大先生"。一年级国文老师是方令孺教授,课堂上旁征博引,信手拈来,"引导我们超越阅读的具体文章,认识世事,了解人情,视野一下子拓宽了"。教世界教育史的曹孚教授,上课时"手无片纸,口若悬河,各个国家教育的发生、发展、特点、利弊,讲得具体生动,有理有据,似乎他在那些国家办过教育一般"。

这些老师,言传身教,为于漪树立起一个个求学、做人、教书的标杆,激发了她人生使命和教育信仰的形成。

没有对民族文化的血肉亲情,就难有"为中华民族而教"的高度自觉的教育信仰

于漪说,"对自己的母语不热爱,很难有浓烈的民族情、爱国情""一个中国人,特别是求学的学生,对自己的母语应该有一种血肉亲情"。

是的,人生使命、教育信仰,也必须建基于文化自觉之上。古典诗词是走进中国文化世界的重要途径。当年有一本别人看不上眼的石印本《千家诗》,于漪爱不释手。她说通过读这本诗集,自己领略了家乡山山水水的非凡美丽、祖国大地山川的气象万千。

但仅凭古典诗词,尤其是仅凭个人的兴趣爱好读书,是难以系统性地把握中华文化精髓的。走进中华文化深处的那扇门在哪里?

中国作家中,于漪最喜欢鲁迅。偶然间,她听说鲁迅为青年学生开过一张必读书单。她想办法了解到了这张书单,其中列了《唐诗纪事》《全上古三代秦汉三国六朝文》等12种书。"这是一张很有见地很精到的书目单,教你读书要知门径,全局在胸,轻重得体,领会人物的精神风貌。这张书目单让我领会到读书与做人一样:要识大体,知先后,知人论世,知世论人。"于漪说,这12种书她"并未一一读",常读一读的是《世说新语》,常翻一翻的是《四库全书简明目录》。这样对中国文学、中华文化就算入"门"了。

但这还不够。

要让文化与自己的身心打成一片,则"必须专心致志地研读几部大作家的著作,随着他们的人生足迹走一遍,才能真正领会他们的心路历程,领会他们生命的光辉"。为此,于漪先后通读了辛弃疾、杜甫和陶渊明三位大家的著作,"深深进入他们的精神世界"。

同时,为提高思想认识水平,她还读了许多思想哲学方面的书。不但读,她还提倡背一点经典。"今天,我们要初步具备中华文化修养,粗知义理,从小应背哪些书呢?我想应该是构成中华文化不朽的原典。"她列了三本书:《论语》《中庸》《老子》。不但要读和背,而且要"力行"。她说,读经典要做到把自己的"思想活体"放进去,从而获得生命的力量。

这就超越了一般的文学欣赏、文化研究,而进入以文学文化滋养生命、丰富生命、提升生命的境界。教育信仰由此而坚定,而纯粹!

二、奋斗

教育是为未来培养人才,要跟着时代前进,怎么会够呢?我鼓足生命的风帆,孜孜不倦地追求,顺境不自傲,受挫更刚强,有使不完的劲。

——于漪

1986年,著名语言学家张志公阅读于漪《学海探珠》手稿,拍案赞叹:"于漪教书简直教得着魔了!"

"着魔了"三个字,道尽了于漪如痴如醉的教育人生。

无论如何不能做一个误人子弟的教师

过了"而立之年",于漪从历史改行教语文。"b、p、m、f不认识,汉语语法没学过",语文教学的大门在哪里?

"基础教育做的是地底下的工作,打做人的基础,没有什么惊人之笔,但是它关系到国家的千秋万代,关系到学生的青春。一个孩子只有一个青春啊!"于漪告诫自己,无论如何不能误人子弟。她每天晚上9点以前工作,9点以后学习,两三年下来,把中学语文教师该具备的语法、修辞、逻辑知识,该具备的文、史、哲知识,该了解的中外名家名著过了一遍。她还立下规矩,不抄教学参考书,不吃别人嚼过的馍。独立钻研,力求自己先懂,再教学生,绝不以其昏昏,使人昭昭。

但课堂的化境哪能轻易抵达?为了向习惯"开刀",于漪"以死求活"。她把上课的每句话都写下来,先修改,背下来,再口语化。每天到学校的路上,就把上课的内容"过电影",在脑子里放一遍⋯⋯她要让自己的语言变成蜜,黏住学生;要把每一节课都当成一件艺术品,去精心琢磨。

多年的积累,在1977年的《海燕》电视直播教学中得以爆发。上海万人空巷,人们纷纷守在电视机旁,争睹她上课的风采。时人评价:这哪是在上课,分明是于漪用生命在歌唱!

1978年,于漪成为上海市首批特级教师。他人击掌相贺,于漪却"深感惶恐"。她随身备着两把尺子,一把量己之短,一把量人之长,越量越找到自己的不足,越比越觉得自己有向前奔跑的动力。她更加勤奋学习,学习的深度、高度、广度早已超越学科圈子。她更加努力实践,在教学第一线摸爬滚打,从20世纪70年代末到80年代后期,上了近2 000节公开课。更难得的是,于漪的课从来不重复,即使是同一篇课文教第二、第三遍,也绝不重复。

一个学生曾对她说:"于老师,你的课我很喜欢听,但是我自己没有学会。"这句话于漪琢磨了很多年,上的课不能随着声波消失就销声匿迹,要教到学生心中,成为他们素质的一部分。"就是这样一句话,促使我一直在研究课堂教学如何突破原来的框框。"

与破解、攻克各种各样的问题形影相随

在于漪的教育生涯中,她带过许多"乱班乱年级",她喻之为"考问感情与责任"的难题:"生命本来没有名字,没有高低贵贱之分,坏习气不是胎里带出来的,我做教师的责任是帮助他们洗刷污垢,要像对其他同学一样满腔热情满腔爱。"

学校把一名屡次逃学、偷窃、打群架的学生放到于漪带的班级。这名学生与父亲争执被打后离家出走。于漪焦急万分,与几名学生找了他一天。找到后,怎么办?送他回家,只有两个可能,一是再逃走,一是旧毛病复发,依然故我。带他回自己家,他会偷,怎么办?

一想到这里,于漪立刻自责起来:"对他有如此的戒心,缺少起码的信任,还谈什么教育什么爱护?"感情上的事来不得半点虚假。教师对学生是全心全意、半心半意,还是三心二意,学生心知肚明。

于漪把这名学生接到家里,于漪上班,他上学。学校放学,他跟着于漪回家做作业。于漪以心换心,以情激情,以理疏导。经过多次"拉锯战",这名学生逐步安静下来,走上正道。后来,于漪生了一场重病,住院治疗。这名学生已经工作,探望时看到于漪打吊针,哽咽地说:"于老师,你不能死啊……"他没有什么生动的语言,反反复复地说着这句话。

于漪很感动:"我的学生不一定是最优秀的,但他们都是家庭的宝贝、国家的宝贝,我当教师,要把他们当宝贝一样来教育。不求他们能显赫,但一定要成为社会的好公民,服务国家,服务人民。"

于漪的成长总是与破解、攻克各种各样的问题形影相随。20世纪80年代中期,于漪被任命为上海市第二师范学校的校长。学校当时是什么样?教师上班稀稀拉拉,迟到是常事;有的师生涂脂抹粉,心思不在教与学,赌博、酗酒的情况也时有发生……

"学校是育人的神圣殿堂,理应是一方净土,摒弃邪恶、污浊和庸俗,播撒做人的良种。"于漪决定恢复坐班制,学校教职工必须准时上下班。面对时尚潮流的影响,她组织师生围绕"什么是当代师范生真正的美"等开展专题讨论,在畅所欲言的基础上达成共识:社会上流行的,学校也不一定都提倡;学校风气如果降低到社会的一般水平,那是教育的失败。

学生不爱惜粮食,泔水缸里的剩饭剩菜溢得满地。于漪气急了,到伙房里拿了个脸盆,用手把一个个包子、大块大块的饭捞起来,到一个个教室去讲:"任何人都不能暴殄天物,这是素质问题、品德问题……"事后,学生在周记里写道:"我从来没见过于校长如此激动,我们不好,不懂事,浪费粮食的行为可耻,以后要注意节约。"

"一身正气,为人师表"逐渐成为全校师生的精神支柱。焕发新颜的上海市第二师范学校吸引了来自上海各区县优秀的初中生报考,为上海的基础教育培养了大批人才。

在教育的大海中畅游的于漪,在现实生活中的脚步是不轻松的。胃溃疡、肝炎、心脏病……都曾"光顾"过她。每天,她吃大把大把的药;每天,她意气风发,要么伏案疾书,要么四处奔走,从不停歇。近年来,于漪每年都准备一本专用的挂历。挂历上,几乎每一个日子都画上了圈。但这远不是全部。退休后,她逐字逐句审阅了从小学到高中12个年级的上海语文教材和教参。至今,她有时上午要听4节课,下午开展说课、评课。她曾经腰椎骨折,卧床3个多月,一能坐起就深入学校指导课题和论文,走进课堂听课评课。

于漪曾为她的《语文教学谈艺录》拟过一个小标题,叫作"跑步前进"。总是勇担使命、坚守信仰,总是"先天下之忧而忧",总是在与时间赛跑,已成为她生活乃至生命的姿态。

三、思想

古今中外所有留名史册的一流教育家几乎都具有这样的共性:他们从来不是关在自己的书房里闭门造车、空谈教育,也不是囿于个人之局部经验而沾沾自得,而是在实践中去思考、去发现、去探索科学的教育规律,最终在理论上有所建树,逐步构建起他们的理论体系。

——于漪

于漪1951年从复旦大学教育系毕业,一头扎进杨浦中学的时候,这所当时在上海名不见经传的中学并没有意识到,一个纤弱文静的小姑娘,竟然满怀教育家的光辉理想,要做一件伟大的事——站在巨人的肩膀上,从中国文化、时代和实践的土壤里,为当代中国培育一部活生生的"教育学"。

"'人文说'是我向当今教育贡献出的一颗赤诚之心"于漪的教育思想是从语文开始发端的。

1949年以来,语文界提出了语文学科的"工具说"。"文革"后,语文教育依然十分强调工具性,甚至有纯工具化的倾向。

1979年,敏锐的于漪先声夺人,发表《既教文,又教人》一文,大胆提出语文教育要有思想内容与表达形式辩证统一的整体观念。

然而,20世纪80年代中后期,语文教育"工具化"引导下的片面教学与引进的标准化考试一拍即合,语文教学陷入题海训练,学生没有兴趣,老师迷茫。

许多人把鞭子打在了高考上,于漪却不这么认为。"支配群体性教学行为的其实是不正确的语文教育观念。"她进行综合分析后,发现关键是对语文学科的性质认识不清楚,是"语文课就是基础工具课"的思潮在起作用。

那么语文到底该如何定位呢?当时给语文学科定的各种"性",如文化教育、审美教育等,超过了10种。

于漪在广泛深入学习研究国内外有关母语方面的文献后提出,各民族的语言都不仅是一国符号体系,而且是该民族认识世界、阐释世界的意义体系和价值体系。语言不但有自然代码的性质,而且有文化代码的性质;不但有鲜明的工具属性,而且有鲜明的人文属性。工具性和人文性,是一个不可分割的统一体的两个侧面。她还主张,"人文性"较之"思想性""情意性""文学性"等更为合适,由此突破了原有的"工具性和思想性"的框架。

这些思想,在1995年《弘扬人文 改革弊端》一文中发表,在语文教育界引起巨大反响。工具性与人文性相统一,是语文课程的基本特点,得到越来越多人的认可,并最终体现在2001年印发的教育部《义务教育语文课程标准》中。

这里的人文精神,于漪认为,既有中国传统意义上的人文思想,也有现代意义上的人文思想。

"这是我在自身学术理论上的一次重要跨越。"于漪说,有了这个思考和发现,对语文教育教学其他问题的思考和阐释,就有了原点和强有力的支撑。

由此出发,语文教育就是教文育人。要实现"教文育人"的大目标,需要3个基础:一是"目中有人"的教育理念,也就是对育人要有全面具体的认识;"'目中有人'的教育理念指导着我一生的教育实践活动,成为我语文教学目的观——'教文育人'的第一依据"。二是时代的要求和使命意识,要有"以天下为己任"和"以教育为己任"的忧患意识和责任感。三是语文教学培养目标的整体性。

从实践中走来的于漪,从"人文说"和"教文育人"的教育教学观出发,逐步构建了完整而系统的语文教育体系,一直延伸到中国语文课堂教学的前线,扎根本土,直指时弊,具有鲜活的独创性。她用生命唱出了一部地地道道的"中国语文教育学"。

教育就是要增强人的精神力量

于漪是有宏观思维和前瞻性思维的。这决定了她不单单是一位语文教育家,还是一位从语文教育走出来的人民教育家。

在普通中学任教的于漪,与各种类型各种层次的学生长期相处,真正懂得了没有爱就没有教育,教育没有选择性。这奠定了她以所有学生发展为本的人文精神的实践基础。

而更多的思想来自现实问题。

"教书"是为了什么?20世纪80年代初,不少人认为"教书"是具体任务,"育人"则很抽象,是班主任的事。于漪便大声疾呼:"育人"是大目标,"教书"要为"育人"服务。任何学科教学都应有教育性,有教育性的教学,就赋予知识、能力以灵魂、以意义,能促进学生的发展。

育人是要"育"什么?对此,于漪较早提出了"全面育人观":全面发展是实施素质教育最本质的反映。社会文明程度越高,越需要全面发展的人。人的生命体本身也蕴含着全面发展的潜能,教育的任务就是把学生的潜能变成发展的现实。德性与智性是生命之魂。德智体美劳各育应有机融合。

教育的根本目的是什么?针对教育功利化倾向,于漪说,古今中外研究教育的大家都认为教育的本质是完善人的精神世界。现代教育不能忘记教育最终为人的精神生活服务。知识和能力是获取精神力量的阶梯,不是精神力量的全部。学生求学读书是为明做人之理,明报效国家之理。如果教出来的学生只知以个人为中心,以追名逐利、享乐为目的,缺少服务国家、服务人民的社会责任感,那是教育的失败,有辱历史赋予的重要使命。

在因材施教上,于漪有一句名言:知心才能教心。学生处在变化发展中,要不断研究学生成长中的3个世界:生活世界、知识世界、心灵世界。3个世界要和谐发展。不仅要把握学生年龄段的特点,更要把握时代、社会、家庭因素在他们身上的影响与反映。教育要努力发现每个学生心中那根"独特的琴弦",在沟通理解上多下功夫。

于漪的教育学就是这样,既唱"神曲",又唱"人歌",所以能服人。

办教育必须确立制高点

于漪在长期的教师、校长和培养青年教师的工作生涯中积累了教师职业发展方面的理论和实践的财富,形成了一部活生生的"教师学"。

"没有教师,人就不能成才;没有教育,社会就会一片黑暗。"她进一步指出,教师的崇高职责就是在学生心灵深处滴灌生命之魂。她特别强调,教师是"过去历史上所有高尚而伟大的人物跟新一代"之间的中介和桥梁,教师职业是继承人类传统和面向未来的职业,关系国家的千秋万代,关系千家万户。教师必须是一个思想者,身上要有时代的年轮。教师的智力生活一刻也不能停滞。她主张,教师要学一点哲学,要有文化判断力。

她还说,没有一个职业像教师那样意义非凡,教师的思想、情感、价值观无时无刻不在起作用。没有一个工作像教师那样对人的一辈子起作用。教师对学生的作用不可能是"零",不是正面作用就是负面作用。教师首先在人格上要"表里俱澄澈",做到在学生看来是个里里外外通透的、可敬的、高尚的人。

2014年,习近平总书记提出"四有"好老师的标准,为老师们明确了努力的目标。在于漪看来,要做"四有"好老师,关键在于内心的深度觉醒,把自己的命运前途与国家的命运前途、老百姓的命运前途紧密联系在一起,"一旦觉醒,人就会变得聪明起来,就会站在比较高的地方思考问题,而且心中总是有一团火,有旺盛的经久不衰的内驱力"。

于漪在治理上海市第二师范学校过程中,形成了对校长素质的认识和一整套办教育、办学校的思想方法。

什么样的人可以当校长?

于漪说,要德、才、识、能兼备。

一身正气,为人师表,是校长应具备的基本素质。校长要"养吾浩然正气"。在当今,就是要有坚定的社会主义信念,对党的教育事业赤胆忠心,有高度的使命感和责任感,堂堂正正,光明正大,按照党的方针、政策办事。校长应具有相当程度的职业敏感,跟随时代奋力前进;具备正确的教育思想,努力探索并力求通晓基础教育的规律;还应具有管理的才能,具有民主作风……

什么样的校长能够成为教育家?

于漪说,校长要成为教育家,必须是文化人、文明人,身上有书卷气,有丰富的智力生活,学而不厌。校长思维要十分活跃,审时度势,因时辨势,遵循教育规律,独立思考,努力创新。

校长在教育教学领域执着追求,宏观上能打开视野,居高临下,微观上能扎扎实实,一丝不苟,在实践中既能积累和创造行之有效的经验,又能从理论高度阐述和揭示基础教育育人的规律,就能成为办学的行家里手,成为师生憧憬的、献身教育的教育家。

于漪是这样想的,这些也是她作为人民教育家的行动缩影。

关于如何办教育,最为著名的是她1990年就提出来的"三个制高点"思想:办教育必须确立制高点。首先,要站在时代的制高点上;其次,要站在战略的制高点上;再其次,要站在与基础教育发达国家竞争的制高点上。这一思想一举突破了学校的微观定位,把学校办学使命与国家民族命运紧紧联系起来,大气磅礴、语振四座。

21世纪初,一些学校重有形成果,轻无形文化。对此,于漪一针见血地指出:"对学校文化建设重视不重视,建设到怎样的程度,影响乃至决定学校的形象、质量和生命力。"

于漪认为,学校文化是学校的灵魂。每所学校的精神支柱可以迥然有异,但都必须紧扣育人的宗旨,代表先进的文化。它应该是社会文化中最主流、最健康、最奋发向上和符合教育规律、符合师生身心发展的。要使它成为全校师生追求的目标,思想言行的准绳,情感、态度、价值观判断的标尺。

于漪的办学思想,句句都是指导教育实践的箴言。

近年来,最让于漪椎心忧思的是教育教学改革中"西方话语"的盛行。从20世纪90年代起,她就多次表态:"绝不让自己的教育实践沦为外国理念的论据。"

于漪认为,中国的基础教育质量在世界上也是上乘的。要从基础、从历史、从国情等多个角度来看中国基础教育发展。对于出现的问题,要用辩证唯物主义和历史唯物主义来看待。树立自信,不是故步自封、拒绝学习外国,而是要深入、全面地研究学什么、怎么学。要根据我们国情决定取舍、改造、创新,要以我为主。"我们有独特的历史,独特的文化,独特的国情,中国教育必须有中国人自己的灯火,走中国人自己的路。"

2014年,85岁高龄的于漪吐露了一个夙愿:

"我这名年已耄耋的教师,心中翻腾着一个强烈的愿望,那就是急切盼望当代能创建有中国特色的教育学。"

"这部教育学有磅礴之气,和谐之美,它蕴含中国至圣先贤的教育智慧,包蕴近现代尤其是当代教育的鲜活思想和先进理念,人类进步教育的种种创造融化其中,不见痕迹。这部教育学是中华优秀文化教育传统与时代精神的高度整合,投射出民族智慧的芳香,充满育人成长成才的活力。"

于漪教育学诚如斯言!

四、风范

一颗狭小的心有浩浩荡荡的学子,有多情的土地,有伟大的祖国,胸怀就会无限宽广,无处不是学习的机会,无处没有智慧的闪光。

——于漪

做了一辈子教师的于漪,一辈子行走在努力修炼、锻造学识与人格的路上。

与时俱进,勇立时代潮头

于漪的人格魅力很大程度源于思想的魅力。她的思想总是与时俱进,洋溢着时代的气息。

1984年,她发表《锐意改革,开拓前进》一文,发出一连串时代追问:"怎能从根本上调动学生学习的积极性和主动性？怎能有效激发他们旺盛的求知欲？怎能与时代的要求合上节拍……"

时过境迁，这些追问仍引发人们的关切与反思。

21世纪初，社会环境急剧变化，于漪敏锐意识到重构学校的价值取向是教育面对现代社会挑战的关键问题：今天需要重构学校的价值取向。我们既要讲"义"，又要讲"利"。有钱是买不来现代化的，有钱也不完全能够办好学校。

于漪常说，时代在前进，教育必须与时俱进。然而人们不禁要问，于漪为何总能立于时代潮头，为何在关键的时代节点上总能敏锐、准确地触摸到时代跳动的脉搏？

上海市教委教研室原主任王厥轩将这份敏锐与洞察力归因于强大的学习能力。

上海市市北中学原校长陈军也认为，"于漪始终与时代同行，在思维方式的完善方面，她长于吸取多元文化精髓，使思维既有缜密的特点，又有开拓的风貌"。

坚守而不保守，兼容并包、不断完善的学习方式和思维方式，构成了于漪永葆活力的思想源头。

"仁爱"之情造就大胸怀、大气度、大力量

"爱"是于漪教育人生的主题词。

于漪对爱的理解与认识，从最初"有选择之爱"到"超越亲子之爱"，再到仁爱，历经了漫长的过程。

初当教师的于漪，"爱"只是空泛的概念。后来于漪明白，"天工造物十分奇妙，每个学生都有自己的独特性……每个学生的生命都值得尊重，都必须关心"。

于漪将这种众生平等之爱称为"师爱超越亲子之爱"——学生身上的事都是她心上的事，学生都是她的儿女。

师爱的最高境界叫作"仁爱"。

于漪的"仁爱"品格是贵贱贤愚无论的"有教无类"。

于漪的"仁爱"，是将学生的幼稚、不成熟、偏激、毛病当作常态，去爱护，去发现闪光点。想办法把不懂的变懂，把差劲的变好，这正是于漪的"本事"。

于漪的"仁爱"品格是直面问题的坚韧之爱。没有这种坚韧的爱，她不可能在教育教学中年年月月、任劳任怨，"引着、拽着、扶着、托着、推着学生向前"。

于漪的"仁爱"品格更是为师的大爱大德大情怀。她眼中的学生是国家未来的希望，是每个家庭的希望。因此，"用仁爱、大爱促进了学生的全面发展，为国家培养了优秀的人才，通向了个人的教育梦，也通向一个更大的中国梦"。

择高处立、胸怀天下的"先生之风"

一个人的人格魅力往往不仅仅取决于时间与经验的累积，更取决于站立的高度。

于漪的人格境界、格局之高，源于扎实学识所赋予的思想起点之高。她思考教育问题总在很高的位置，在宏观上有较为科学的总体设想。

于漪境界、格局之高，还在于她往往能跳出学科、专业的局限，每每从社会、国家全局全域整体、系统地观察思考。

于漪境界、格局之高，更在于跳出个人之"小"，自觉担当起国家民族的重任。她曾用诗一般的文字抒发自己的思想嬗变，"一颗狭小的心有浩浩荡荡的学子，有多情的土地，有伟大的祖国，胸怀就会无限宽广，无处不是学习的机会，无处没有智慧的闪光"。

登高望远，于漪将自己的工作、前途、命运与民族的前途、命运，国家的前途、命运紧密联系在一起。"休戚与共、血肉相连时，你就可以站得高看得远，你从平凡工作中能够洞悉不平凡的意义和价值。"

这正是我们从于漪身上得到的不平凡启示。

一身正气、为人师表

于漪一直秉持做老师、教学生"吾善养吾浩然之气"，因为社会上总会有一些歪风邪气，必须要"一身正气、为人师表"。

她做校长爱憎分明，自觉维护教育的神圣和纯净。正气并非虚空，而是看得见，摸得着，在思想、品德、气质、言行上均有所表现。

面对矛盾，于漪常说，"社会上各种各样的矛盾基本上是以我为中心的，学校里各种各样不和谐的声音都是'老子天下第一'，因此'以己之短，比人之长'是非常必要的""办教育的人，谦虚是基本的素质"。于漪这样说，也这样做。

于漪崇"真"，敢讲真话。她的"真话"总能一针见血地看到表面和谐背后的矛盾与问题，痛快淋漓、力透纸背，彰显实事求是、独立思考的精神硬度。

"一些学校的口号和标语让人心惊肉跳，让人心寒，什么'眼睛一睁就是竞争''现在不吃苦以后就抢不到别人的饭碗'，这哪里还有和谐友善？"

当很多教师教学热衷于参考资料、电脑下载教案、媒体炒作信息、教育时尚操作，于漪及时予以警醒："讲坛不必在乎高低，但为师者的思想需要有高度，脊梁骨需要有硬度。"

于漪的"真话"包含着她作为"人民教育家"的良苦用心。

在指出不合理现象的同时，她更给出中肯的建设。当价值冲突、观念混乱、方向不明时，于漪用"真话"建言，"我们不能只点洋蜡烛，心中永远要有一盏中国的明灯""课堂教学要德智融合""教育归根结底不是要解决学生未来的吃饭问题，而是要解决学生的灵魂问题"。

她的是非分明、坦荡正气、求真务实，她对错误价值观的批评，以及对教育神圣和纯净的极力维护，归根到底是无我的品格使然。在于漪身上，因为无私而坦荡，因为无我成就了大写的"人"。

五、贡献

我在几十年的教育工作历程中，克勤克俭，做了一些工作。说到底，我就是坚守了新中国教师的本分。

——于漪

68年始终以人民为中心，全心全意服务人民，68年不断丰富的教育实践和深刻的教育思想，成就于漪大写的流光溢彩的教育人生。

用博大的胸襟和朴实的教诲创造了一个又一个育人"奇迹"

经师易得，人师难求。前两年，一名毕业多年的学生从大洋彼岸给于漪写信："于老师，感谢您将中华文化之精妙和为人之基准播种于我少年心田。"68年来，于漪用博大的胸襟和朴实的教诲创造了一个又一个"奇迹"，培养了一个个大写的"人"。

作为班主任，她将极差、极乱的班级带成了先进集体；作为校长，她使名不见经传的学校成为全国先进；作为"导师"，她培养了一批全国知名的教学能手、德育名师。

于漪总是想方设法为青年教师搭建平台。她首创了师徒"带教"方法——师傅带徒弟、教研组集体培养、组长负责制，有效促进了青年教师成长。从20世纪80年代开始，她先后培养了三代特级教师。

如今，90岁高龄的她仍主持着上海市语文学科德育实训基地的工作，还担当着国家级骨干教师培训的重任。

于漪几乎获得了党和政府所能给予人民教师的所有荣誉，但她从没有为名利所羁绊、因掌声而止步。她说，"人是要有一点精神的。'我是共产党员''这是组织交给的任务'，这两句话，给了我无穷的动力"。

矢志不渝为教育决策建言献策，提供思想养料

自1977年起，于漪连续五届当选上海市人大代表，她积极参与制定地方性法规，审议决定上海市重大事项，对于提高教育经费预算、改善基础教育办学条件发挥了重要作用。

"最难忘却的是1988年上海市九届人大第一次会议上提交的关于增加教育经费的议案。"大批返沪知青的孩子正好到了入学年龄，小学生骤增，而那年教育经费预算增幅为5.7%，差距很大，导致小学要改成"两部制"，即半天在学校求学，半天在家。"两部制弊端甚多。我是教师，对学生有特殊的感情。"于漪在会上慷慨陈词，陈清利弊。会议决定修改教育预算，增幅改为8%。那年教育预算执行的结果，增幅达13%。

多年来，于漪是素质教育坚定的倡导者、实践者、坚守者。面对教育功利化现象，她提出了"全面育人观""教在今天，想在明天"的理念。21世纪，于漪提出语文学科要"德智融合"，真正将立德树人落实到学科主渠道、课堂主阵地，获得广泛认可。

传播先进教育思想，准确解读和宣讲国家重大政策，并身体力行

数十年来，于漪总是基于丰富的教育教学实践，准确地解读、宣讲，并身体力行。

1983年，邓小平同志提出"三个面向"。随后，于漪倾心撰写《锐意改革，开拓前进》一文，引发了基础教育领域如何贯彻落实"三个面向"精神的广泛讨论。直到2012年，于漪还在强调"三个面向"的意义和价值非比寻常。

于漪有着强烈的理论渴求，又总是为解决实践中的问题而研究，是一名始终不曾离开教育教学一线的研究者。

2005年，上海刚刚制定"两纲"，于漪开百余场宣讲课，"要让学生在现代化大潮中树立理想信念，不迷失方向，有家国情怀，就必须树民族精神之根，立爱国主义之魂"。

她密切关注着中国教育的变化与发展,倾力写下几百万字著作。目前已出版的著作有《岁月如歌》(手稿珍藏本)、《卓越教师第一课》《教育的姿态》《语文的尊严》《于漪知行录》《于漪新世纪教育论丛》(6卷)。主编有《教育魅力——青年教师成长钥匙》(2013年度教师喜爱的100本书之TOP10中第一本,已印刷11次)、《走进经典——语文阅读新视野》(6册)、《"青青子衿"传统文化书系》(12册)、《现代教师自我发展丛书》(共18本)、《现代教师学概论》等。2018年8月,《于漪全集》(8卷21本)正式出版。

2018年12月28日,于漪获得"改革先锋"称号。回到上海后,她认为需要贯彻全国教育大会精神,促进学生德智体美劳全面发展。2019年教师节期间,她在病床上勉励广大青年教师:"我在几十年的教育工作历程中,克勤克俭,做了一些工作。说到底,我就是坚守了新中国教师的本分。"

10月1日上午,于漪早早打开电视,在上海家中看了中华人民共和国成立70周年庆祝大会。"我感受到体内潜藏的力量要在新时代更好地迸发出来。正如习近平总书记所讲的,中国的昨天已经写在人类的史册上,中国的今天正在亿万人民手中创造,中国的明天必将更加美好。"

《左传》云:"太上有立德,其次有立功,其次有立言,虽久不废,此之谓不朽。""三不朽"一直是中国传统知识分子追寻人生价值和意义的最高标杆。于漪近70年教书育人之"德、功、言"成果蔚为大观,无愧于"人民教育家"国家荣誉称号,必将影响、激励更多后来者。(《人民教育》记者 余慧娟 赖配根 李帆 施久铭 任国平)

(中华人民共和国教育部官网)

(二) 遵守教师职业道德

教师职业道德是教师在从事教育劳动时所应遵循的行为规范和必备的品德的总和。教师职业道德是职业道德的一种形式,它从道义上规定了教师在教育劳动过程中以什么样的思想、感情、态度和作风去待人接物,处理问题,做好工作,为社会尽职尽责。

教师职业道德不应仅是被动遵守的规则集合,而应是教育者内在精神的自然流露,是职业与志业双重维度的辩证统一。真正的师德,不仅需要外在规范的约束,更需要内在价值的认同;不仅体现为职业行为的合规,更是教育情怀的彰显。

教师职业道德首先表现为一系列可操作、可评价的职业行为规范。这些规范构成了教育工作的基本底线,确保教育活动的有序开展。不体罚学生、不收受礼品、不敷衍教学——这些禁令性条款划定了教师行为的边界;关爱学生、严谨治学、为人师表——这些倡导性要求则指明了教师努力的方向。在实践层面,遵守这些规范意味着教师必须具备相应的专业能力:课程设计能力、课堂管理能力、学生心理理解能力等。一位合格的教师应当将这些规范内化为日常工作的自然习惯,如同呼吸般无须刻意记起却从不违背。然而,若师德仅停留于此,教育便沦为技术性操作,失去了其最为动人的精神内核。

教师职业道德的更高层次,是将其从职业要求升华为教育志业。志业与职业的根本区别在于,前者源于内心的召唤与价值的认同。德国社会学家马克斯·韦伯曾精辟地区分"以政治为业"和"为政治而生"两种状态,这一洞见同样适用于教育领域。当教师将工作视为志业,教育便不再是谋生手段,而成为生命价值的实现方式。陶行知"捧着一颗心来,不带半根草去"的教育情怀,苏霍姆林斯基对儿童世界的深情探索,都展现了这种志业精神的崇高境界。在这种状态下,教师将学生成长视为最高回报,不再满足于知识传递的效率,而是追求教育过程中的每一个心灵相遇的深刻意义。这种精神高度,使教师职业超越了普通工种,具有塑造人类未来的神圣使命。

当代教育面临着前所未有的复杂挑战,教师职业道德也需要在传统与变革之间找到平衡点。信息化时代,知识获取途径多元化削弱了教师传统权威;价值多元化社会,教育目标不再单一;绩效评价体系,又常常将教师推向功利化教学的边缘。在这样的语境下,教师更需坚守职业道德的核心——对生命成长的敬畏与负责。这意味着教师既要适应技术变革,掌握现代教育手段,又要保持教育的人文温度;既要满足社会对人才培养的需求,又要守护教育的独立性;既要提高教学效率,又要避免将学生工具化。真正的师德不是固步自封,而是在变化中坚守不变的教育本质:尊重每一个学生的独特性,促进其全面发展。

遵守教师职业道德的终极意义,在于守护教育的本质功能——人的唤醒与成全。雅斯贝尔斯曾说:"教育是一棵树摇动另一棵树,一朵云推动另一朵云,一个灵魂唤醒另一个灵魂。"这种唤醒不是简单的知识灌输,而是通过教师的人格感染与专业引导,帮助学生发现自我、实现潜能。当教师以职业道德为圭臬,教育便成为师生共同成长的生命历程。教师在此过程中不仅传递知识,更以自己的生命状态诠释着什么是完整的人。这种教育不会因考试结束而终止,不会随时间流逝而消散,它将成为学生精神世界的一部分,持续影响着他们的思维方式与生活态度。

教师职业道德的实践路径,需要在规范与情怀、约束与自由、传统与创新之间保持必要的张力。外在规范确保教育的基本秩序,内在情怀赋予教育以灵魂;职业要求提供稳定的质量保障,志业精神则激发教育的无限可能。对教师个体而言,这意味着既要在日常工作中恪守专业标准,又要不断反思教育的深层意义;既要适应教育环境的变化,又要保持教育初心的不变。对教育系统而言,则需要构建既有底线约束又有高度期待的师德建设体系,为教师专业成长提供制度保障与文化支持。

师者之德,大矣哉!它不仅是教师群体的专业标识,更是社会良知的体现。在这个快速变迁的时代,教育比任何时候都更需要教师以职业道德为锚点,在职业与志业的辩证统一中,守护那份最初的教育理想。当每一位教师都能在平凡的工作中践行不平凡的师德,教育才能真正成为照亮人类未来的明灯,教师职业也才能获得其应有的尊严与价值。

(三)树立实习教师职业形象

教师的职业形象是指教师在职业行为中给人们留下的总的印象以及对教师的评价。由于教师职业是一种特殊的职业,以育人为目的,以言传身教为手段,所以树立良好的教师职业形象,对学生、教师自身、学校乃至整个教育都是至关重要的。教师职业的特点要求教师不仅是一个知识渊博、才华横溢的人,还应是一个品行端正、道德高尚的人。完美的教师形象应该是内在师德与外在师表的和谐统一。作为实习教师,初为人师,应外塑形象,苦练内功,提高自身素养。

教师的仪表和风度是构成教师职业形象的重要因素。教师的仪表和风度,是教师崇高的思想感情、气质性格、文化素养以及审美观念的外在表现。教师的仪表风度对学生来说具有示范性与样板作用,特别是中小学教师的言谈举止、服饰装扮无不为孩子们所关注和审视,无不打上教育的印迹,它代表了一个教师要以什么样的姿态去影响受教育者。教育家乌申斯基说:"教师个人的范例,对于青年人的心灵,是任何东西都不可能代替的最有用的阳光。"因此,为人师者必须严格规范自己的仪表和风度。

对于实习教师来说,注重仪表、风度之美尤为重要,因为它可以给学生留下美好的第一印象,赢得学生的好感,从而使教育教学工作有个良好的开端。因此,实习教师应衣着整洁大方、举止文雅端庄、语言优美文明、教态真诚亲切。

(四)践行师德报告参考案例

> 三个多月的实习工作已接近尾声。即将离开实习学校,我心里有许多不舍,每一次备课上课、与学生交流的画面还历历在目。这段时间的教学实践,也令我亲身体验并领悟了作为一名教师应该具备的职业道德。
>
> 教师职业道德规范包括爱国守法、爱岗敬业、关爱学生、教书育人、为人师表、终身学习。在实习之前,我只能通过书本或者网络去间接理解这些要求。古人有云:纸上得来终觉浅,绝知此事要躬行。实践才是检验真理的唯一标准,而实习就是从理论到实践的跨越,也是锻炼我们能力和意志力的绝佳平台,直到真正进行实习,我才亲身体验到这些行为规范的内涵。在这短短三个月左右的实习期间,我抓住机会,向指导老师虚心求教,多听多看,多思多想,不断充实自己,以最好的面貌、最佳的状态进行教学工作,争取让自己在专业知识、教师素养、教学水平、综合素质等各方面都得到提高,做到理论知识和实践相结合,完成从学生到教师的蜕变。
>
> 所谓台上一分钟,台下十年功,当我真正进入实习阶段,我才明白了这句话的深意以及那三尺讲台所承载的重量。当我亲身经历了教师的所有工作,我才体会到了教师这份职业的不易,我才发现,所谓教书育人,远远不只是传授学生知识,还要在教书的同时关注学生本身。真正的教学工作是复杂而又烦琐的,在传授知识之外,教师还要管理好整个班级,维持好班级纪律,同时又要照顾到班中每一名学生,关心学生的学习和生活情况,并适时为他们提供德育教导……要成为一名合格的教师,需要在各方面努力,因此我们要肯下苦功,始终保持对这份职业的热爱,不能一遇到困难就进入职业倦怠期,产生消极甚至放弃的念头。
>
> 学生是学习的主体,教学工作要充分联系学生实际。在上每堂课之前,我都会认真备课,在课堂中尽自己所能把知识讲解得细致、易懂,以便学生理解、吸收。对听不懂的学生,我会再耐心地换不同方式多讲解几遍,因为学生是存在个体差异性的,每个人对新知识的接受程度和方式是不一样的,因此要用灵活的方式去教学。

作为教师,既要做学生学习上的良师,也要做学生生活上的益友,因此,我也经常关注学生的心理健康和生活情况,经常与学生谈心,与他们交流学习生活中的烦恼、困惑、压力等,并帮助他们疏导、发泄,给予学生关怀,传授给他们为人处世的道理和社会主义核心价值观,帮助他们更加健康地成长。

身为一名合格的教师,我们也要严以律己,不断学习充实自己,在学生中树立起模范作用。因此我在日常实习工作和生活中始终注意自己的言行举止,并且不断向指导老师、其他老师,以及实习队的同学请教学习,不断努力学习和摸索,分析自己的实习表现,找出自己存在的不足,并寻找方法去改正弥补,争取让自己有所进步。

教育是一项伟大的事业,任重而道远,师德的实践和发展也需要我们不断的坚守和完善,我国杰出的教育家蔡元培先生曾说过:"教育者,非为已往,非为此刻,而专为将来。"而学生便是整个国家和民族的希望和未来。因此,教师要做好学高为师,身正为范的准则,在教学工作中脚踏实地、勤恳认真,对自己负责,也对学生负责,为教育这一伟大事业贡献出自己的力量。

——19文1 戴佳倩

二、学科教学工作实习指导

(一) 备课

特级教师斯霞说:"要上好课,首先要备好课,我常常把备课比作指挥员在组织战役,我总是反复推敲,直到有了自己认为比较满意的设计方案为止。"名师的课堂之所以精彩纷呈,有厚度有宽度,其中一个重要因素在于教师课前做了充分准备与精心谋划。而课堂教学,作为教育实习的重头戏,需要准教师特别重视备课,做到"脑中有课标,心中有课程,眼中有学生,手中有教法"。

1. "悟":领悟课标

课程标准是由国家教育行政部门,根据教育方针和课程计划制定的一定学段课程水平及课程结构的纲领性文件,是进行学科教学活动的纲领,是编写学科教材的依据,是评估教学质量的标尺。它是教师备课的指南。因此,必须认真阅读,深刻领悟,铭记在心,落到实处。

领悟学科课程标准,首先要深刻领会学科课程的性质、作用、三维目标,准确掌握学科课程的基本理念,明确学科课程的实施建议;其次要熟记学科课程的总目标和各阶段目标,把自己所教学段的板块要求烂熟于心;最后要了解其他学科的课程标准,拓宽知识领域,以便于加强学科渗透,组织综合性学习。

2. "解":解读文本

"解读"即通过阅读进行感知、理解、评价。这里的"文本"主要指教材,它是知识的载体,是教学的依据,是教师上课的凭据。解读文本主要包括以下几点:一要读懂编者的编排目的,二要读懂自己教学中应侧重的教学目标,三要读懂学生在阅读中可能会遇到的难题,四要揣摩文本插图及习题。

解读文本的主要步骤如下:

(1) 初读感知。

初读主要是钻研以书面语言为载体出现在教材上的内容,包括复习题、例题、习题、图形,以及大纲、教参上的一些要求。通过读这些内容,研究教材的知识结构,明确各部分知识的内在联系,把握每部分知识的地位和作用,明确每章节的编排意图。如:

初读《曼谷的小象》后,合上书想一想,脑海中可能会逐步出现这些形象:曼谷郊外绿油油的禾苗,点缀着野花的草地,天空中不断变幻色彩的晨雾,一位漂亮的泰国妇女,一头乖巧听话的小象,一阵悦耳的铃声,一件友善助人的事情……所有这些,在脑海中形成了一幅和谐唯美的图景。真美啊!于是意识到:作者把这么多美好的东西都集中到一个并不复杂的故事中,他就是要表达一种自然美、生活美、人性美。一个"美"字是对这篇课文最重要的认识。有了这种根本性的认知,教学方法的问题也就迎刃而解了——抓住这个"美"字,引导学生在充分阅读的过程中,寻找美、发现美、表现美、欣赏美、体味美、享受美,从而在学习语言文字的同时,培养学生的审美情趣和审美能力。

(2) 细读分析。

教材中的重点、难点和关键点要从与教材内容的联系中把握。重点是相对教材而言的,难点是对学生而言的,关键点是对学生构建知识体系而言的。一般来说,教学重点应该是一节课、一个单元、一册书乃至在某个阶段起作用的基础知识和思想方法。难点是指学生难理解、难辨析、难计算、难解答、不易接受的学习内容,难点是因学生的认识能力与教学要求之间的差距而形成的。教材中比较抽象、学生对其缺乏必要的感性认识的,或者比较隐蔽、需要用新的方法去认识的内容,便可确定为教学难点。关键点是指学生理解、掌握某一部分知识或解决某一类问题的突破口,它是突出重点、突破难点的中介与桥梁。

(3) 再读升华。

在这一步,教师要把在细读分析中了解的内容、确定的教学重点进行整合,对照课程标准、本册及本单元的教学目标和重点,进行再次确认和调整。不仅做到从外围透视内核,而且要从中心反观体表,看主题意义如何凭借内容得以表达,使教案与教学完美统一、和谐升华。

3. "联":联系实际

教学,就是教学生学习,指导学生学习。学生是学习的主体,只有联系学生的实际水平,弄清教材前后的知识内容,教学才能做到因材施教、有的放矢;才能做到突出重点、突破难点。因此,教师备课时要联系学生的实际,比如学生的年龄特征、某一学段的生理表现、学生对学习的倾向、兴趣爱好、班级学习的环境、学校环境、家庭环境、社会环境等。总之,了解学生的渠道多种多样,可以通过个别谈心、家访、座谈,也可以通过集体问卷摸底、课堂教学察言观色、提问了解,还可以在批改作业和考试中了解学生情况。基本方法归纳起来有观察法、实验法、调查法等。

4. "明":明确目标

教学目标是指教学要达到的标准和结果,他既是教学的出发点,又是教学过程的调节者,还是教学的归宿。教学目标不仅制约着教学设计和实施的方向,制约着教师对教材的加工及教学程序的确定,而且具有心理功能,具有一种推动力,它可以使学生不断接近目标,给学生满足感,增强自信心。因此,教学目标要求不能过高,也不能过低,更不能盲目随意,游移不定。

5. "选":选择方法

一节课能否达到预期的教学目标,很大程度上取决于教学方法的选择。选择教学方法,既要考虑课程类型与课程结构、教学目标与教学任务,也要考虑教学内容的特点,还要考虑教学对象的特征等。

根据巴班斯基的"教学最优化"理论,教学中应该选择此时、此地、此景中效果最优的教学方法。那么在选择教学方法时应注意:

(1) 要受教学目标、教学内容的制约;

(2) 要符合学生实际和学科教学的规律;

(3) 要着眼学生自主、合作、探究、创新能力的培养;

(4) 要扬长避短,发挥教师所长;

(5) 要形式多样、先进便捷，激起学生的兴趣；

(6) 要讲究时效性、适用性；

(7) 要根据教学情境变换教学方法。

6. "写"：写出教案

教案是备课成果的系统记录，是实施课堂教学活动的具体方案。编写教案时可以进一步推敲教学设计与各种设想，从而使之条理化、科学化，并明确地体现在案例之中，使教学过程具体化。因此写出教案是备课的最后程序，其基本内容一般包括以下几个方面：

(1) 课题。

课题设计应体现课程标准的核心理念，紧扣学科本质特征，反映教学内容的核心价值。课题表述要准确凝练，既能概括教学内容，又能激发学生兴趣。建议采用"主标题＋副标题"的形式，主标题体现教学主题，副标题说明具体内容或方法。

(2) 教学目标。

教学目标要贯彻"立德树人"根本任务，体现核心素养导向，要从知识与能力、过程与方法、情感态度与价值观三个维度进行系统设计：

① 知识与能力维度：明确学生应掌握的基础知识和关键能力，体现学科思维方法的培养。

② 过程与方法维度：注重学习过程的体验，强调探究式、合作式等学习方法的运用。

③ 情感态度与价值观维度：关注学科育人价值的实现，培养学生的科学精神、人文情怀和社会责任感。

教学目标表述要具体、可操作、可检测，采用"行为主体＋行为动词＋行为条件＋表现程度"的规范格式。

(3) 教学重点、难点。

教学重点是指为达到教学目标而应重点指导的内容，受教学目标的制约。教学难点是指学生学习的困难所在，它主要依据学生实际情况而定。有时教学重点、难点一致。

教学重点确定要基于课程标准、教材内容和学生认知规律，体现学科核心概念和关键能力。教学难点预测要充分考虑学生的认知基础、思维特点和可能遇到的障碍。建议采用"重点突破策略＋难点化解方法"的双轨设计，通过搭建思维支架、设置问题链等方式实现重难点的有效突破。

(4) 教学方法。

教学方法即为完成教学目标所采用的策略。教学方法选择要体现"以学为中心"的理念，注重启发式、互动式、探究式教学；要根据教学内容和学情，灵活运用讲授法、讨论法、演示法等传统方法，项目学习、问题导向、情境教学等新型方法，信息技术支持的混合式教学方法；要注重多种方法的优化组合，构建多元立体的教学策略体系。

(5) 教具与资源准备。

教具与资源指课堂教学中使用的多媒体、挂图、尺子、录音机、实物等辅助手段。教具与资源选择要遵循"必要、适用、高效"的原则，注重传统教具与现代技术的融合，包括：

① 常规教具：模型、标本、挂图、实验器材等。
② 数字资源：多媒体课件、虚拟仿真软件、在线学习平台等。
③ 生成性资源：学生作品、课堂实录、过程性资料等。

备课时应建立教具与资源使用预案，确保教学过程的流畅性。

(6) 教学时间。

教学时间指某一教学内容所需要的课时总量。教学时间要合理分配，讲究时间效应。教学时间规划要体现"以学定教"的理念，遵循认知规律，注重教学节奏，建议采用"模块化"设计：

① 导入环节(5~8分钟)：创设情境，激发兴趣。
② 探究环节(20~25分钟)：深度互动，建构知识。
③ 巩固环节(10~12分钟)：迁移应用，内化提升。
④ 总结环节(3~5分钟)：归纳反思，拓展延伸。

设计时应预留弹性时间，应对课堂生成。

(7) 教学过程。

教学过程是教案的主体，包括教学步骤与环节（如预习安排、导课、提问、讨论、讲解、结课等）、教学内容、具体教学方法、时间分配、作业设计等。教学过程要体现"问题导向、活动主线、思维主脉"的设计理念，构建"情境—问题—活动—评价"的教学链，包括：

① 导入设计：创设真实情境，提出驱动性问题。
② 探究设计：设计层次性活动，搭建思维支架。
③ 互动设计：组织深度对话，促进思维碰撞。
④ 评价设计：嵌入过程性评价，及时反馈调节。
⑤ 作业设计：设置分层作业，满足个性需求。

(8) 板书。

板书指本节课在黑板上要写的教学信息。板书设计要体现"结构化、可视化、生成性"的特点，板书要成为课堂教学的思维导图，包括：

① 主板书：呈现知识结构，突出重点难点。
② 副板书：记录生成内容，展示思维过程。
③ 图示区：运用思维导图、概念图等可视化工具。

板书设计要注重艺术性和实效性，做到条理清晰、重点突出、美观大方。

(9) 教学后记。

教学后记也叫教学反思，在一节课或一个单位教学内容结束后，马上进行回顾反思，分析得失，总结提高，以便借鉴积累，建立反思档案，促进专业成长。教学后记要体现"实践—反思—改进"的循环过程，采用"现象描述—原因分析—改进策略"的反思框架。重点反思：

① 目标达成度：教学效果与预设目标的契合度。
② 学生参与度：学习活动的有效性和参与面。

③ 课堂生成性：对生成性资源的捕捉与利用。

④ 改进方向：教学设计的优化空间和实施策略。

7. "试"：课前试讲

试讲也叫预讲或预演。在编写教案到课堂教学之间，实习生还必须经过试讲这一不可缺少的环节，这是教案的现场实态化的预演过程。试讲可采用模拟型试讲，即按正式上课的要求，由同组的实习生扮演"学生"来配合实习生进行试讲。试讲内容应完整，过程应逼真，讲者和听者都要进入情境。

(二) 上课

备好课仅仅是纸上谈兵，要把备课中的设想变为现实，还要求教师必须上好课。上课是教学工作的中心环节，它对其他各环节起支配和调节作用。

一般上课的环节主要包括预习、导入、新授和结课。

1. 课前环节：预习

学生预习是学习准备的必要组成部分，是学生运用自己的心力，尝试去了解学习内容的重要阶段，是培养学生课前自主学习习惯和发现问题、解决问题能力的有效措施，也是教师了解学生做好教学准备的重要途径。

指导学生预习，首先，要求学生通读教材，初步了解学习内容；其次，要求学生进行思考并提出问题，获得对教材的初步感悟；再次，根据教材内容的难度，适当布置预习思考题；最后，及时了解学生课前预习情况，为课堂教学中的应变和调控做好充分准备。

2. 课始环节：导入

导入也叫导课，是在学习新的内容或活动开始时，教师引导学生进入学习状态的行为方式，是实际教学的前奏。俗话说：好的开头等于成功了一半。好的导入起着集中注意力、激发学习兴趣、明确学习目标、迅速进入课题的作用。

在导入环节，要注意两点：第一，应通过简明生动的导入情境，激发学生的兴趣与学习欲望，营造有利于学习的课堂氛围；第二，应选择设计的最佳切入口切入教学。

不同老师上课风格不同，导入方法也截然不同。导入方法主要有：

(1) 游戏导入法。

根据学生年龄特点，采用儿歌、谜语绘画、小品、竞赛、唱歌、游戏等形式。

> **案例 1**
>
> **"可能性"的游戏**
>
> 张老师在执教数学"可能性"一课时，一开始就利用"哈利·波特的魔法"和学生做起了摸球游戏，把球放在一个"魔盒"里，由学生摸球，张老师猜出球的颜色，从而体验事件发生的可能性。这一游戏活动，激发了学生的身心潜能，同时省时而又高效地完成了教学任务，使学生学得既轻松又愉快。

（2）故事导入法。

教师根据教材需要，通过形象的语言描述神话、传说、典故、趣闻逸事等来导入。

分数的基本性质

在教"分数的基本性质"这一课时，许多教师喜欢用孩子们喜欢的故事导入，如有位老爷爷把一块地分给三个儿子，老大分到了这块地的1/3，老二分到了这块地的2/6，老三分到了这块地的3/9。老大、老二觉得自己很吃亏，于是三人就大吵起来。刚好阿凡提路过，问清争吵的原因后，哈哈笑了起来，对他们讲了几句话，三兄弟就停止了争吵。故事讲到了这里，教师说："同学们，你们知道阿凡提为什么要笑吗？他对三兄弟讲了哪些话？学习了分数的基本性质以后你们就清楚了。"这样的故事，能激发起学生对学习分数基本性质的浓厚兴趣，从而使他们精神饱满地参与到这一新知识的学习当中。

（3）实验导入法。

教师演示某种实验操作，引导学生观察实验现象，以此来吸引学生对所学内容的注意，进而导入新课。

案例 3

体　积

范老师在教"体积"这一内容时，就是通过一个小实验导入的。她拿出4个同样大小的烧杯——1号和2号烧杯中装满了水，3号烧杯中装了一个小石块，4号烧杯中装了一个大石块。接着，范老师将1号杯中的水倒入3号杯中，问学生发现了什么。学生说1号杯剩下了一部分水。接着，范老师又提问，如果把2号杯中的水倒入4号杯中会怎样？学生说会剩下更多的水。范老师便问，为什么会剩下更多的水呢？学生认为3号杯中的石块占的空间比4号杯中的小些，范老师便说道，物体占空间的大小就是它的体积，从而引出了课题。

（4）复习导入法。

复习导入法又叫温故知新法，指通过复习旧知识，引导学生去发现新问题，从而巧妙地引入新的学习内容。复习的方法可以是提问、练习、自述、诵读等。

分数的基本性质

在教学"分数的基本性质"时，可以先做如下准备：

1. 提问:什么是"商不变"规律?
2. 150/50。被除数和除数都扩大10倍,商是(　　);被除数和除数都缩小1/10,商是(　　)
3. 分数与除法有什么关系?

用"商不变"规律引发学生的思考,既然分数与除法有那么密切的联系,那么分数是不是也存在着类似的规律呢?这样巧妙地揭示了分数的基本性质与"商不变"规律的内在联系,能化生为熟,化难为易,收到好的教学效果。

(5) 直接导入法。

直接导入法也叫揭示中心法。上课一开始,教师就将本课要讲的内容和要达到的目标揭示出来,让学生自始至终围绕这一中心去听课、思考。

桂 林 山 水

在教学《桂林山水》时,谭老师是这样导入的:"我们的祖国是美丽的。她有连绵起伏的崇山峻岭,有壮阔秀美的江河湖泊,还有一望无际的良田沃野。祖国南方的桂林更是以山清水秀的风景闻名于世,有'桂林山水甲天下'的美誉。现在我们一同来领略桂林山水的美丽风光。"教师言简意赅、简洁明快的导入能够吸引学生的注意,调动学生学习新课文的积极性,引导学生深入理解课文,帮助学生把握学习方向。

(6) 创境导入法。

教师用生动的语言对事物、事理进行直接描绘,或通过多媒体辅助教学手段,创设出能够激发学生的想象力或引发学生相应情感体验的情境,使学生在欣赏或情绪感染中就势转入新课学习。

四 边 形

在"四边形"的教学中,何老师创设了这样一个情境导入:图形王国走失了一批图形兄弟,听说有一部分来到了我们学校,国王非常着急,我们帮他找找吧。于是,何老师出示了学校门口的照片,让学生找图形。学生找到后,何老师便说道:"大家都喜欢助人为乐,真不错!我得知有一位名叫'四边形'的兄弟,他可有趣了,你们想认识他吗?"

3. 课中环节：新授

新授是上课的主体环节，教师要抓重点、难点，对学生进行素质的培养。教师的提问、讲解要与学生的参与、交流、体验有机结合。在新授环节，教师需通过精准精要的讲解和富有成效的师生互动，在民主、和谐的课堂氛围中帮助学生掌握新知识，同时弄清楚新旧知识间的联系，排除识记和理解上的疑难；需通过启发、探究和生成，展示思维过程，引导学生运用知识解决实际问题，提高学生的能力；需通过学法指导，使学生养成良好的学习习惯和思维方法，使学生会学、善学。

4. 课末环节：结课

结课也叫教学总结。它是在完成教学任务后对教学内容进行总结归纳和转化升华的教学行为。如果课堂教学有头无尾，那么会直接影响教学效果，因此结课也是课堂教学必不可少的一个环节，在结课时要注意以下几个方面：第一，回顾教学过程，归纳教学内容，完整把握知识要点；第二，以教师小结为辅，学生课内小结、随堂练习为主，检测教学目标达成情况，及时反馈课堂教学效果；第三，布置课外作业。

(三) 听课

听课，也称为观课，是一种对课堂进行仔细观察的活动，它对于了解和认识课堂有着极其重要的作用。在听课之前，要做好听课准备。首先是要确定好听课目标，制订好听课计划，安排好听课时间；其次是要了解听课的教学内容、教学设计；最后是准备好专门的听课笔记本。在听课过程中，要虚心好学，集中精力，眼、耳、手、脑并用，边看、边听、边想、边记，做到"四看""四听""一记"。

1. 四看

一看教者的教态、仪表、神情、体态、方位等是否恰到好处；二看教者的板书设计是否合理，书写是否工整美观；三看教具的演示是否合理；四看学生的活动、听讲态度、注意力、发言是否积极、配合是否默契。

2. 四听

一听讲课内容是否正确、连贯，重点是否突出，难点是否突破；二听教学语言是否流畅、生动、准确、抑扬顿挫、逻辑性强、富有感染力；三听课题结构是否严谨，训练是否到位；四听学生的表达是否训练有素，课堂氛围是否活跃。

3. 一记

一记指在听课过程中，要做好笔记。写听课笔记有两种形式：一是提纲式，如记录教案的教学过程部分，要有小标题，有老师的提问、讲解、教法、活动等，学生的回答、活动，若来不及记可不记；二是实录式，要写清老师说什么(师：……)，学生说什么(生：……)。两种方法可结合使用。

课题：四个太阳	
1. 创设情境 猜谜语，导入新课。 **2. 阅读识字** (1) 自读圈画生字——与生字第一次见面。 (2) 交流反馈——学生自主识字。 (3) 指名朗读——读准字音，读通读顺。 **3. 朗读感悟** (1) 导读第一段(夏)："读读，这一段写的是什么季节？有什么特点？小作者的愿望是什么？怎么读出来的？" (2) 助读第二段(秋)：重点指导长句"金黄……香甜。"拓展：怎么邀请的？ (3) 放读描写春、冬两季的段落。 (4) 整体理解，回应课前提出的问题。 **4. 背诵拓展** (1) 你喜欢哪种颜色的太阳，能背诵下来吗？ (2) 小朋友，你有什么愿望？想画点什么？	分析意见： (1) 课前交流谈话轻松自然，沟通了情感(因为借班上课有必要)。 (2) 谜语紧扣主题，创设了语言情境，暗示了质疑的方法。 (3) 识字方法多，做动作识字"挂"、意会识字"甜"、组词识字"伙伴"等方法符合汉字规律，但要优化呈现方式。 (4) 读顺这一环节的时间尚显不足，久之将影响朗读质量的提高。 (5) "怎么邀请的？"这一拓展点选择不当，游离课文的主题，建议舍去。 (6) 此拓展点选得好，具有语言运用、拓展想象和渗透价值观3种功能。
总结	优点： (1) 教学民主、和谐，教师角色把握准确；表现出"三实"(朴实、真实、扎实)。 (2) 将三维目标有机融合在一起；教学以学生为主体，结构清晰，张弛有度。 (3) 注重读、读的层次；识字读—理解读—拓展读；音—顺—情；导读—助读—放读。读的方式：自由读、范读、比赛读、做动作读、师生对读…… 缺点： (1) 识字还需加强，识字是一年级的教学重点，应改善自主识字呈现方式，采用生活中识字的方法。 (2) 适量引入评读。评读也是导读的一种形式。应有层次地"导"，有目的地"评"。

（四）评课

评课，即课堂教学评价，指教师在听课后一起评议，交换意见，共同研究改进措施。评课是提高授课教师和听、评课教师教学水平，优化课堂教学的重要途径。因此，对于实习的准教师而言，学会评课不仅可以学习他人的长处和经验，而且可以尽量避免他人的缺陷和失误。

评课的内容主要包括以下几个方面：教学目标、教学方法、教学程序、教学素质、教学效果、教学创新与特色。

1. 教学目标

教学目标是教学的出发点和归宿，目标明确、恰当是一节好课的首要条件。目标明确，是指师生对一堂课应达到的三维目标、方向要有共同的认识。目标恰当,主要指教学目标要符合年段的特点,符合教材的要求,符合学生的实际。

2. 教学方法

评教学方法主要看教师是否善于通过多种教学方法的互相配合、灵活运用,调动学生学习的积极性,使学生的学习具有紧张、有趣的生成过程。其中,教师要适时、适当运用投影仪、录音机、电视、电影、电脑等现代化教学手段。

3. 教学程序

评教学程序主要是从教学思路和课堂结构安排两个方面来考查的。教学思路即一系列教学措施怎样编排组合,怎样衔接过渡,怎样安排详略,怎样安排讲练,等等。因此评课者评教学思路,要看教学思路设计符不符合教学内容实际和学生实际,是否具有创新,层次和脉络是不是清晰,以及在课堂上的教学思路实际运作效果。而课堂结构安排是指一节课的教学过程各部分的确立,以及它们之间的联系、顺序和时间分配。考查执教者的教学实践设计,能较好地了解执教者的授课重点、结构。

4. 教学素质

教学素质也即教学基本功,包括板书设计、教态、课堂语言、教具的操作。板书设计要求科学合理、言简意赅、字迹工整美观、板画娴熟等;教师课堂上的教态应该是明朗、快活、庄重、富有感染力的,教师也要仪表端庄、举止从容、态度热情、热爱学生;教师的课堂语言要精确简练、生动形象、有启发性,语调要高低适宜、快慢适度、抑扬顿挫、富于变化;教师应该要能熟练使用投影仪、录音机、微机等多媒体现代教具。

5. 教学效果

良好的课堂教学效果包括教学效率高,学生思维活跃,课堂气氛热烈,知识、能力、思想情操目标达成,使不同程度的学生在原有基础上都有进步,师生关系和谐融洽。

6. 教学创新与特色

一堂优秀的课,不仅能在有限的45分钟之内讲完所教知识,而且会有独到之处,在整个课堂之内,会渗入教师先进的观念和科学的教学方法。

(五) 教学反思

教学反思就是教师自觉地把自己的课堂教学实践作为认识对象,进行全面而深入的冷静思考和总结,它是一种用来提高自身的业务、改进教学实践的学习方式,它使教师不断对自己的教育实践深入反思,积极探索与解决教育实践中的一系列问题。简而言之,教学反思就是研究自己如何教,自己如何学。教中学,学中教。教学反思主要包括以下几方面:

1. 写成功之处

将教学过程中达到预先设计的教学目的、引起教学共振效应的做法,课堂教学中临时应变得当的措施,层次清楚、条理分明的板书,某些教学思想方法的渗透与应用的过程,教育学、心理学中一些基本原理使用的感触,教学方法上的改革与创新,等等,详略得当地记录下来,供以后教学时参考使用,并可在此基础上不断地改进、完善、推陈出新。

2. 写不足之处

即使是成功的课堂教学也难免有疏漏失误之处,对它们进行系统的回顾、梳理,并对其作深刻的反思、探究和剖析,使之成为今后教学上的经验参考,更上一层楼。

3. 写教学灵感

在课堂教学中,随着教学内容的展开,师生的思维发展及情感交流的融洽,往往会因为一些偶发事件而产生瞬间灵感,这些"智慧的火花"常常是不由自主、突然而至的,若不及时利用课后反思去捕捉,便会因时过境迁而烟消云散,令人遗憾不已。

4. 写学生创新

在课堂教学过程中,学生是学习的主体,学生总会有"创新的火花"在闪烁,教师应当充分肯定学生在课堂上提出的一些独特的见解,这样不仅使学生的好方法、好思路得以推广,而且对学生也是一种赞赏和激励。同时,这些难能可贵的见解也是对课堂教学的补充与完善,可以拓宽教师的教学思路,提高教学水平。因此,将其记录下来,可以成为今后教学的丰富材料。

5. 写"再教设计"

一节课下来,静心沉思,思考自己摸索出了哪些教学规律,教法上有哪些创新,知识点上有什么发现,组织教学方面有何新招,解题的诸多误区有无突破,启迪是否得当,训练是否到位,等等。及时记下这些得失,并进行必要的归类与取舍,考虑一下再教这部分内容时应该如何做,写出"再教设计",这样可以做到扬长避短、精益求精,把自己的教学水平提高到一个新的境界和高度。

三、班主任工作实习指导

（一）班主任工作

1. 班主任工作实习的意义

《中小学班主任工作规定》中明确提出："班主任是中小学日常思想道德教育和学生管理工作的主要实施者，是中小学生健康成长的引领者，班主任要努力成为中小学生的人生导师。"与其他教师相比，班主任与学生接触最多，对学生影响最大，对学校各项工作的顺利进行和对学生的个性形成与发展起着更重要的作用。因此，所有的实习生在实习期间都必须实习班主任工作，而且要十分努力、认真地完成班主任工作的实习任务，为走上工作岗位后当好班主任奠定基础。

2. 制定班主任工作实习计划

制定班主任工作实习计划的前提是要了解实习学校、实习班级与学生的情况，原班主任的工作计划与工作安排。班主任工作头绪纷繁，要能有计划地开展班级各项工作，提高班主任工作质量，每个班主任都需要制定相应的计划。实习生制定班主任工作实习计划，就是制定实习期间的工作计划。制定班主任工作实习计划既是实习的基本内容，也是加强实习工作计划性的重要环节。

班主任工作实习计划主要包括以下内容。

第一，前期准备。要了解实习班级名称、原班主任姓名、实习小组任务分工、实习工作目标。

第二，具体了解实习班级，包括：一是学生构成，总人数（男女生比例）、三好学生人数、班干部人数以及后进生的情况；二是班级现状，本班在德、智、体等方面的表现。

第三，主要任务。针对班级实际，确定实习期间把重心放在哪些工作上，采取什么方法，达到什么目的。

第四，日常事务，即班级常规管理工作。

第五，工作进程安排，即根据时间的变化而制定相应的工作计划，要求在特定的时间内完成指定的工作任务。

3. 班级常规管理的实习

班级常规管理是班主任工作实习的一项基本工作。班主任的主要作用都体现在班级常规管理之中。班级常规管理有助于建立和谐的师生关系，有助于建立良好的班级秩序，使教育教学能够顺利进行；有助于学生形成良好的学习习惯，提升学生的学习效果。同时，还有助于培养学生的自制力与自我管理能力等。班级常规管理工作主要包括：学习指导、文体卫生活动监督、思想教育。

（1）学习指导。

一堂读书讨论课

上课铃响了,孩子们跑进教室,这节课老师要讲的是《灰姑娘》的故事。

老师先请一个孩子上台给同学讲一讲这个故事。孩子很快讲完了,老师对他表示了感谢,然后开始向全班提问。

老师:(引子)你们喜欢故事里面的哪个人?不喜欢哪个人?为什么?

学生:喜欢辛黛瑞拉(灰姑娘),还有王子,不喜欢她的后妈和后妈带来的姐姐。辛黛瑞拉善良、可爱、漂亮,后妈和姐姐对辛黛瑞拉不好。

老师:(第一个问题)如果在午夜12点的时候,辛黛瑞拉没有来得及跳上她的南瓜马车,你们想一想,可能会出现什么情况呢?

学生:辛黛瑞拉会变成原来脏脏的样子,穿着破旧的衣服。哎呀,那就惨啦!

老师:所以,你们一定要做一个守时的人,不然就可能给自己带来麻烦。另外,你们看,你们每个人平时都打扮得漂漂亮亮的,千万不要突然邋里邋遢地出现在别人面前,不然你们的朋友要吓着了。(老师做昏倒状,全班大笑)

(第二个问题)好,下一个问题:如果你是辛黛瑞拉的后妈,你会不会阻止辛黛瑞拉去参加王子的舞会?你们一定要诚实哟!

学生:(过了一会儿,有孩子举手回答)是的,如果我是辛黛瑞拉的后妈,我也会阻止她去参加王子的舞会。

老师:为什么?

学生:因为,因为我爱自己的女儿,我希望自己的女儿嫁给王子。

老师:是的,所以,我们看到的后妈好像都是不好的人,她们只是对别人不够好,可是她们对自己的孩子却很好,你们明白了吗?她们不是坏人,只是她们还不能够像爱自己的孩子一样去爱其他的孩子。

(第三个问题)孩子们,下一个问题:辛黛瑞拉的后妈不让她去参加王子的舞会,甚至把门锁起来,但她为什么能够去,而又成为舞会上最美丽的姑娘呢?

学生:因为有仙女帮助她,给她漂亮的衣服,还把南瓜变成马车,把小鼠变成马,把田鼠变成马夫。

老师:对,你们说得很好!想一想,如果辛黛瑞拉没有得到仙女的帮助,她是不可能去参加舞会的,是不是?

学生:是的!

老师:如果小鼠、田鼠都不愿意帮助她,她可能在最后的时刻成功地跑回家吗?

学生:不会,那样她就可以成功地吓到王子了。(全班再次大笑)

老师:虽然辛黛瑞拉有仙女帮助,但是,光有仙女的帮助还不够,所以,孩子们,无论走到哪里,我们都是需要朋友的。我们的朋友不一定是仙女,但是,我们需要他们,我也希望你们有很多很多的朋友。

(第四个问题)下面,请你们想一想,如果辛黛瑞拉因为后妈不愿意她参加舞会就放弃了机会,她可能成为王子的新娘吗?

学生:不会!那样的话,她就不会到舞会上,不会被王子看到,王子就不会认识和爱上她了。

老师:对极了!如果辛黛瑞拉不想参加舞会,就是她的后妈没有阻止,甚至支持她去,也是没有用的,是谁决定她要去参加王子的舞会?

学生:她自己。

老师:所以,孩子们,就是辛黛瑞拉没有妈妈爱她,她的后妈不爱她,这也不能够让她不爱自己。正是因为她爱自己,她才可能去寻找自己希望得到的东西。如果你们当中有人觉得没有人爱,或者像辛黛瑞拉一样有一个不爱她的后妈,你们要怎么样?

学生:要爱自己!

老师:对,没有一个人可以阻止你爱自己,如果你觉得别人不够爱你,你要加倍地爱自己;如果别人没有给你机会,你应该加倍地给自己机会;如果你们真的爱自己,就会为自己找到自己需要的东西——没有人能够阻止辛黛瑞拉参加王子的舞会,没有人可以阻止辛黛瑞拉当上王后,除了她自己。对不对?

学生:是的!

老师:(第五个问题)最后一个问题,这个故事有什么不合理的地方?

学生:(过了一会儿)午夜12点以后所有的东西都要变回原样,可是,辛黛瑞拉的水晶鞋没有变回去。

老师:天哪,你们太棒了!你们看,就是伟大的作家也有出错的时候,所以,出错不是什么可怕的事情。我担保,如果你们当中谁将来要当作家,一定比这个作家更棒!你们相信吗?

孩子们欢呼雀跃。

(摘自《内蒙古教育》2010年第9期,有删改)

(2) 文体卫生活动监督。

一是要巡视课间操和眼保健操。在中小学,课间操和眼保健操一般安排在课间进行。而学生的自觉性比较差,如果没有班主任维持纪律就很难认认真真地做操。另外,很多学生的动作不标准,班主任还要注意纠正学生的做操动作,以达到应有的效果。

二是要组织劳动。学生劳动一般包括室外大扫除及室内小清洁和一定时间的生产劳动。劳动是一种锻炼学生思想作风、品德意志和组织纪律性的有效的课外活动。目前,有一部分学生的劳动观念还比较薄弱,要有针对地做好教育工作。此外,实习教师还要注意指导生活委员、劳动委员做好劳动组织工作。

三是要维持课间纪律。要为学生创造一个良好的课间休息环境。两节课之间有十分钟的休息时间。这短短的十分钟,能起到调节学生精神及情绪的作用。然而,有部分学生意识不到这一点,他们喜欢打闹追逐,不仅会导致自己得不到良好的休息,也会影响别人休息。因此,要有针对性地做好这部分学生的教育工作。

四是要组织文体活动。中学的文体活动主要包括第二课堂活动如科技活动、兴趣小组活动,以及时节性的、常规性的竞赛活动如国庆歌咏比赛、校运会。这些活动有校际的,也有级际的。实习教师除了组织及指导学生参加上述活动,还可以组织一些学校计划外的小型班级活动,如年级间的篮球比赛、象棋比赛。组织文体活动应力求使每一个学生都有机会参加。

(3) 思想教育。

椅子在哭泣

"丁零——!"上课铃响了,我捧着语文书大步流星地往教室走去。教室里,同学们正在值日班长的组织下引吭高歌,秩序井然。突然,我的视线被讲台前一把损坏的椅子吸引住了。"这又是哪个学生弄坏的呢?天天强调要爱护公物,怎么还是这样?"我按捺住内心的怒火。坐在前排的同学已经明白了老师阴沉着脸的原因,在等待我向他们发火。此刻,我在犹豫着。班主任的责任感告诉我,必须及时处理这件事,理智也提醒我不要发火,发火将无济于事。突然,我灵机一动,何不把这节课临时改上作文课呢?就地取材,题目就叫《椅子在哭泣》。

于是,我冷静地走上讲台,把那把"受伤"的椅子小心地放在讲台上。我拿起椅子放在讲台的一刹那,全班同学哄堂大笑。面对学生的笑声,我极力控制自己的怒火,指着椅子沉重地说道:"同学们,好笑吗?""不好笑!""为什么不好笑?"全班同学都摇头。"老师看到这把椅子,心里非常难过,非常伤心,我实在笑不出来!为什么呢?要知道没有它们,我们就得站着上课,它为我们付出了那么多,可我们作为椅子的主人,却如此伤害它,我们难道不觉得惭愧吗?此时的椅子正在伤心地哭泣,你们听见了吗?"教室鸦雀无声。随后,全班同学纷纷举起了小手。有的说:"我听到了椅子的哭泣声,我想对椅子说:'别难过,相信损坏你的人此时正在自责呢!他一定会帮你治好创伤的!'"有的说:"我们是椅子的主人,我们没有理由不爱护它。"之后我顺势引导他们把今天课堂上发生的事写下来。

作文交上来了,效果出奇好,连平时最怕写作文的同学也洋洋洒洒地写了很多字,感情真挚,认识深刻。更可喜的是,中午放学后,椅子已被几个调皮的男生悄悄地修好了。我相信今天这节特殊的语文课会给大家留下深刻的印象。

假如当时我站在讲台前满腔怒火地质问全班同学:"椅子是谁破坏的?"可能会很快就解

> 决问题,但是收到的教育效果肯定不及前者。自从这件事后,班上再没有出现损坏公物的现象。
>
> 教育一线的班主任都会遇到此类的困惑:当偶发事件和教学相冲突时,我们该如何有效地处理好教学和偶发事件之间的矛盾呢?我在经历这次事件之后深有感触。其实,思想纪律教育和知识传授应是紧密结合、融会贯通的。"教书育人,贵在创造。"对于教育过程中出现的偶发事件,只要我们善于抓住教育契机,灵活运用,大胆尝试,创造性地利用我们身边的教育资源,就会收到意想不到的效果。
>
> 教育要善于抓住时机,讲究实效,就能事半功倍。我深深地领悟了其中蕴含的真正含义。其实,在我们的周围,潜藏着许多书本上无法找到的教育资源,只要我们善于发现,善于挖掘,善于利用,教育教学活动一定会丰富多彩。

显然,本案例中由椅子损坏所引起的爱护公物的道德教育的效果是值得肯定的。虽然没有质问,没有批评,没有惩罚;但"中午放学时,椅子已被几个调皮的男生悄悄地修好了""自从这件事后,班上再没有出现损坏公物的现象"。因此,运用合适的思想教育方法是非常重要的。

思想教育的原则既是班主任思想教育经验的总结,也是班主任进行思想教育时应遵循的规律,是做好思想教育的总依据,主要包括以下几点。

① 疏导性原则。疏导性原则是指在教育活动中采取启发、引导、疏通的方法,因势利导,使学生朝气蓬勃、健康和谐地发展。对学生进行思想教育,要遵循疏导性原则,反对用教师的"威严"压迫学生、消极禁止,要用事实和科学论证的方法,循循善诱,以德服人,动之以情、晓之以理的教育才能让学生心服口服,自觉接受规范,起到良好的教育效果。

② 主体性原则。坚持疏导性原则的前提是要尊重学生的主体性地位,因此,对学生进行思想教育时还要遵循主体性原则。班主任在进行思想教育时要启发学生的自觉性、调动学生的主体积极性,学生主体积极性的发挥是教育效果得以显现的前提条件和关键因素。因此班主任工作要从传统的师权文化中摆脱出来,坚持学生主体性原则。遵循学生主体性原则的要义在于激活学生的内驱力,使教师的"教育"成为学生的需要。

③ 全面性原则。全面性原则就是全面了解学生、研究学生,帮助学生改正已存在的各方面的问题。它是教育学生的前提。没有对学生的正确的认识,就不可能有正确的教育。由于方方面面的差异,每个学生的个体内涵都相当丰富,所以,学生的家庭情况、智力水平、体质状况、学业成绩、思想品质及其个性心理特征如性格、兴趣、意志、情感和动机等,都是实习班主任进行思想教育必须了解的内容,这样才能做到因材施教。

④ 及时性原则。实习班主任进行思想教育时要注重及时性,过早了,条件不成熟达不到预期目的;过晚了,就会时过境迁,于事无补。因此,对学生进行思想教育的时机选择特别重要,关键在于适时,这样才能起到事半功倍的效果。

（二）组织主题班会

班会是班集体全体成员的会议，是班主任向班集体及全体学生进行教育的重要途径，是学生民主生活的一种重要形式，班会一般有两种形式。

一种形式是班级例会，这是定期召开的班会，包括班务会和民主生活会。班务会一般是对班集体的日常工作和问题进行讨论、研究。例如：讨论、研究决定学期工作计划，选举、改选班干部，总结班级工作以及处理偶发事件，等等。民主生活会一般是组织全体学生通过批评、自我批评进行自我教育，从而形成正确的舆论，树立良好的班风。

实习班主任在指导班级例会时，先要深入实习班的学生中，了解班级及个别学生在思想品德方面的典型事例，然后在班会上有的放矢地联系实际进行教育，并注意形象性和趣味性；还要恰当地选择运用说服、榜样、陶冶、实际锻炼等教育方法。实习班主任在班会上的讲话，必须认真准备，拟好发言提纲，不能掉以轻心，更不能倚仗小聪明搞即兴发言。

另一种形式是主题班会。这是根据教育任务的要求，针对班级的实际情况，围绕一个专题而召开的班会。好的主题班会由于主题鲜明、内容丰富、形式多样，寓教育于活动中，而有很强的针对性，有很大的吸引力，为学生所欢迎，因此有助于提高学生的思想品德修养，增强班级的凝聚力，培养建立良好的班集体，还有助于发展学生的自我教育能力。

实习班主任在指导主题班会时，可以在原班主任指导下单独设计组织，或以实习小组为单位集体设计和组织，也可以协助原班主任参与设计和组织。指导主题班会时需要做好以下几方面工作。

1. 确定好主题

实习班主任要根据班级具体情况，考虑学生的年龄特点，使主题新颖、鲜明、针对性强，富有教育意义。一个好的主题，最好由学生提出，实习班主任可召开班委会，在与班干部、积极分子讨论的基础上确定。主题确定后，可组织班干部讨论活动的内容和形式，制定具体实施方案。

2. 做好充分准备

主题班会能否取得效果的关键就在于会前的准备。准备工作主要有两方面。一是主题班会组织过程中每人承担的任务、职责。要发动全体学生认真准备自己承担的工作（如发言、表演节目、主持会场）。二是会场的布置。要安排专人负责，把要用的物品提前准备齐全。准备的过程就是学生自己教育自己的过程。因此，准备工作一定要发动全班同学都进入"角色"。

3. 班会过程中的组织指导

主题班会进行过程中，实习班主任不宜越俎代庖，要当好导演，注意观察，善于抓住有利时机加以引导，把班会气氛推向高潮，达到教育学生的目的。一旦班会出现冷场或班会深入不下去时，实习班主任就要因势利导，以确保班会顺利进行。在班会进行过程中，还要有目的地提示或启发不同类型的学生，特别是那些胆怯的、平时不爱发言的学生在会上发言，调动全班学生的积极性，充分发挥班会的教育作用。

4. 做好会后的总结工作

在总结中，应充分肯定成绩，表扬和鼓励表现好的学生；对某些糊涂认识要及时加以澄清和端正;针对班上带有倾向性的问题,要进一步提出具体要求,明确今后努力的新目标。班会结束后,实习班主任要指导班委认真检查和巩固教育效果。巩固主题班会教育效果的做法大体有:引导和组织学生写作文、写黑板报稿件、谈收获体会、写日记等;引导学生落实主题班会上提出的要求,制订具体的班级活动计划,并组织定期检查;引导每个学生根据个人情况制订个人的行动计划,定期进行交流,以促进他们把认识转化为行动。总之,巩固主题班会的成果和收获,可以避免会上热热闹闹、会后冷冷清清的形式主义问题,使思想教育工作做得更加扎实、富有成效。

(三) 班主任个别教育技能

师者,所以传道授业解惑也。——韩愈

千教万教,教人求真;千学万学,学做真人。——陶行知

班集体的状况取决于班上每一个学生的具体状况,个别教育是班主任教育工作的核心内容和主要目标,也是教育实习中非常重要的技能训练。班主任个别教育要选准对象,把握时机,注意方法。

1. 对象选择

班主任个别教育要讲究策略,分析每个学生的特征和在班级集体中的地位,考虑他们可能产生的影响,选取最佳对象进行集中教育,这样才能发挥班级系统的作用,取得良好的教育效果。对于实习班主任来讲,由于时间有限,更不可能面面俱到,因此也更要精选对象。一般来说,选取个别教育的对象要"抓两头、带中间、选典型"。

2. 时机把握

俗话说:"打铁看火候,穿衣看气候。"班主任进行个别教育也要看"气候"。过早了,条件不成熟达不到预期目的;过晚了,就会时过境迁,于事无补。因此,对学生进行个别教育的时机选择特别重要。其关键在于适时。《学记》云:"当其可之谓时。"究竟何时才是适时呢?一般来说,下面这些时候要特别注意。

(1) 兴趣浓厚时。

兴趣是动机产生的主观原因,当学生对某一事物表现出兴趣时,必然对它产生积极的态度,这时候他们或因需要而"饥渴",或因强烈的追求而激动,或为了达到目的而执着,因此这时是对他们实施教育的有利时机。班主任必须把握住学生的兴趣倾向,既要利用学生因兴趣产生的积极性,又不能一味地迎合学生的兴趣。

(2) 情绪变化时。

青少年学生正处于成长阶段,情绪不太稳定,容易发生偏差,班主任要及时予以关注。情绪变化往往表现为超常的兴奋和过度的消沉。利用兴奋点作为教育时机,要注意区别各种"兴奋"的界限。有时学生热衷的事情并非自己所提倡的,这时就要引导,在不挫伤其积极性的情况下,将其兴奋点转移到自己的教育内容和要求上来。对待学生的兴奋点,老师不能置若罔闻,要弄清楚学生为何兴奋,不能冷漠视之或一味压抑。若处理不好就会失去宝贵的教育机会,也可能挫伤学生的积极性。

(3) 触及利益时。

班主任做学生工作,本质上是为学生的利益服务,并使学生的利益和社会的利益尽量地趋同和一致。而对于学生来讲,涉及他们的切身利益时,往往是他们的思想极为活跃的时候。班主任要根据学生的不同情况,抓住时机进行教育,使学生正确认识和处理社会利益、集体利益与个人利益的关系。班主任也要理解学生思想上的差异,慎重周密地对待这一类问题,万万不可采取简单化、一刀切的做法。

(4) 遭受殊遇时。

每个人在生活中都会遇到一些特殊的情况,碰到一些特别的矛盾,经历一些特殊的遭遇。青少年学生的生活相对来讲没这么复杂,但他们的防御能力也不强,突然的变故往往让他们措手不及,不堪承受。这个时候他们特别需要得到温暖和帮助。班主任在这个时候要对学生给予特别关怀和理解,同时利用这种时机,教育学生正视各种矛盾,增强心理承受能力和适应生活的能力。

(5) 思维求异时。

从思维特点来看,青少年学生喜欢求新求异,这是难能可贵的创新潜力;作为班主任,一定要慎重对待,要肯定和支持他们的求异表现。但学生的求异表现对班主任的工作能力提出了更高的要求,有些老师对自己所讲的道理并不深知,只会照本宣科、现买现卖,自然经不起学生的"求异",讲不出"所以然"来,这就要求班主任必须首先充实自己,才能对具有求异思维的学生进行真正的教育。

班主任工作实习总结与反思报告参考案例

实习学校		实习班级	
班主任工作实习总结	**用心对待,细心观察** 　　一个班级就像一个大家庭,班主任工作的好坏直接关涉到这个班级的优劣,直接影响到这个班级的课堂教学质量。班主任工作牵涉到方方面面,是教育实习的重要组成部分。 　　实习前期,我跟着刘赟老师学习,她不仅是语文科任老师,也是16班的班主任。在班主任工作学习中,我通过观察发现,16班的班级凝聚力特别强,班里的学生都愿意互相帮助,责任心很强,而这些都少不了刘赟老师的引导。她以身作则,用自己良好的作风潜移默化地感染着每一位学生,所以在16班的学生身上,我感受到了少年的自信和青春气息。 　　实习中期,我还跟随着指导老师设计了家长会的环节。家长会,无疑是班主任与家长进行交流沟通的好机会。家长通过参加家长会,能够直接了解到孩子近段的学习及生活状况。班主任也能够直接与家长反馈学生的情况,促进家长与班主任之间的了解和交流,在学生的发展上达成共识。此外,我们还加入了学生代表发言环节。这一环节能让家长看到班干部的领导能力,更直观地感受到班级的凝聚力,同时也能促进家长对于班主任工作的理解。 　　实习后期,我与16班的学生更加熟悉。他们跟我分享了好多生活中的趣事,我与他们的关系亦师亦友。让我最直观地感受到班主任这个角色的重要性的是一个周三的晚上,因为指导老师工作的繁忙,我从其他老师的口中知道了语文科组举办了一场课本剧表演活动。我丝毫没有犹豫就决定去当观众了。当我出现在演奏厅的时候,16班的学生看到我很惊讶。他们说没想到我会来,还说刘老师有工作没办法来还觉得有些慌,看到了我之后瞬间有了底气。在那个当下,我切切实实被学生温暖到了。之后,在表演的过程中他们虽然出现了失误,但是并没有气馁,而是继续自信地在舞台上散发着光芒,这也让我再一次感受到了同学之间强大的凝聚力。下台后一个叫子韵的女		

续　表

班主任工作实习总结	同学抱着我说"老师好丢脸"。然而那时,我感受到了幸福。学生对我的信任以及依赖,我想这就是作为班主任用心对待,细心观察所得来的回报。正因为我在班主任工作中做到了一视同仁,用心倾听,学生感受到了,自然而然也愿意与我亲近,也愿意信任我,向我倾诉,这就是师生之间的真诚碰真诚,纯粹而美好。 　　最后,我陪着他们等到了最终的颁奖环节,这是属于他们的荣誉。也许他们不是很满意名次,但我跟他们说:"过程享受了就没有遗憾,我们散发着自己的光芒,超越了自己,就已经是赢家了。"他们跟我说,下次一定还会参加,一定会更加精彩。我当时感慨万千,他们没有因为失误而彼此抱怨,反而是更加上进,更加活力,展现出团结的向心力。我想,这就是班主任工作成功的最好的体现。通过指导老师的教导及参与班主任工作管理实践,我意识到班主任至少应具备以下五项关键能力: 　　1. 全面了解学生的能力。这是对班主任工作的基本要求,班主任既要做到了解全班学生的整体情况,又要对每一个学生的实际情况有所掌握。只有一份详细情况报告在手,班主任才能够准确地、有针对性地对学生进行教育引导,最终实现学生的个性成长和全面发展。 　　2. 评价激励学生的能力。客观公正地评价对待学生,才能使学生对教育充满期待心理,才能提高班级管理的效益。激励性的话能帮助学生树立自信,激发斗志。 　　3. 转化后进生的能力。班主任要以身作则,用自己的实际行动感染后进生,再及时沟通协调,教育引导,最终带给他们心灵的震撼,使他们潜移默化发生转变。 　　4. 选拔培养班干部的能力。首先要对全班学生有一个总体了解,将班里能力较强、认可度较高的学生筛选出来,再根据每个学生的个人特长确定其担任的职位。班主任要培训指导帮助他们进入角色,引导班干部团结、高效完成工作。 　　5. 组织班级活动的能力。班主任要从班级的实际情况出发,确定科学合理的活动内容,引导学生制订周密的活动计划,确保活动有序实施,充分调动学生的积极性,让学生在活动中成长。
班主任工作实习反思	同样,我也深刻意识到,想要当好一名班主任,要学会反思。而在参与班主任工作实践管理的过程中,我也总结出了应该反思的三大问题: 　　1. 班主任要经常反思自己的教育观念。通过学习观察发现,班级管理中的问题很多,随时会出现新情况。作为班主任要善于面对新时代的新要求,经常性地反思自己的做法,一定要认清自我,摒弃夜郎自大、凭着经验和感觉管理的陈旧模式,要结合时代的要求、学校的要求,积极转变思想,虚心学习先进的班级管理思想和理念,向身边优秀的同行求教,寻找管理的最佳切入点和方法,真正提升自己的班级管理水平,促进自己的成长。 　　2. 班主任要经常反思自己的教育角色,要善于感受定位,完善自己的管理角色。作为班主任,一定要在日常的管理中,积极反思,随时调整,最终形成一套行之有效的管理办法。 　　3. 班主任还要经常性反思自己教育言行和教育方法是否科学合适,实现教学相长。做好班级管理,不仅仅在于投入的热情,更在于态度和智慧。要承认学生之间存在的个性差异,切忌一刀切一言堂的管理模式,一言一行都要特别注意,既能提升自己,又可以避免造成麻烦。

四、基础教育调查与研究指导

（一）基础教育案例概述

1. 基础教育案例概念

基础教育案例，是从以反映新课改和素质教育为内容的基础教育一线优秀教育教学实践活动中总结出来，按照教育教学案例的一般撰写要求，整理分析及评价反思的实例。案例中有具体情景的介绍和描述，也有一定的理论思考和对实际活动的评价和反思。在案例所描述的具体情景中包含一个或多个教学问题，同时也包含解决这些问题的方法和技巧。从取材来看，基础教育案例可以是针对一堂课的设计或是某个教学环节的教学案例，可以是教育学生的教育案例，也可以是学生管理和班级管理的教育管理案例。从来源来看，基础教育案例可以是顶岗支教学生自己的，也可以是受援学校有经验的教师的；可以是教育教学活动中的成功经验，也可以是教育教学实践中的失败事例。

2. 基础教育案例的内容

一个完整的案例一般应包括的内容或要素有：

（1）背景，即向读者交代清楚教学教育情景或事例发生的时间、地点、人物、起因等。

（2）主题，即这个案例要说明的某个问题。例如，反映对教育理念的认识、理解和实践，或说明教师角色如何转变，或展现教的方式、学的方式的变化，或介绍对新教材重点、难点的把握和处理，等等。

（3）细节，围绕确定的主题，对教育教学情景事件等原始材料进行筛选和加工处理，有针对性地选择最能反映主题的特定内容，并把关键性的细节写清楚。应以一个旁观者的角度去描述，尽量避免主观色彩，既要生动感人，又要引人深思、富有启发性。

（4）结果，案例不仅要说明教学的思路，描述教学的过程，还要交代教学的结果，包括学生的反应和教师的感受等。

（5）评析与反思，即对案例所反映的主题和内容的看法和分析。如解决问题的思路、自身启示与体会等。注意要体现新课改和素质教育的理念，富有时代感。

由于基础教育案例是为了突出一个主题而截取的蕴含了一定教育理论的教学行为片段，是对"当前"课堂中真实发生的实践情景的描述，所提供的一个或一组教育教学事实不是虚构的，而是具有代表性的真实的事例；所以，基础教育案例应符合真实性、典型性、浓缩性、启发性等要求。

3. 做好基础教育案例研究的几点要求

一要加强学习，更新观念，不断创新工作，这是写好案例的前提。二要善于敏锐地发现自己教学和管理工作中的典型事例。三要给案例起一个好题目（或以主题命题，或从事例中命题，或从反思中命题）。四要把案例主要部分的典型事例写得具体而生动，使先进的教育理念和高超的教育技巧蕴含其中。五要把评价反思写得少而精,起到画龙点睛、发人深思的作用,一般是围绕教育理念写,也可以围绕教育技巧写。六要注意在典型事例发生后及时写作。七要注意篇幅不宜过长,2 000～3 000 字为好。

(二) 教育科研实习

教育科研实习是师范生教育科研的试航和入门训练。在教育实习期间,从事课堂教学研究以及教育调查研究,有利于师范生培养自己的教育科研意识,提高教育科研的能力,进一步认识教育科研的规律,并促进自身角色由学生向教师转化。其主要目的在于引导师范生初步体验在真实的教育情境和教学个案中发现问题、选择课题、收集和分析资料、形成观点等完整的教育研究过程。

1. 教育科研实习基本过程

教育科研种类繁多,但其研究过程大致相同,主要包括以下步骤。

(1) 确定研究课题。

确定研究课题具有十分重要的意义。研究课题确定得恰当与否,直接决定着研究的方向和水平,影响研究进程中各项工作的成效,关系着研究成果的价值。选题应注重实践意义和理论价值,应当具有可行性、新颖性和先进性,题目要明确具体。

(2) 查阅文献资料。

查阅文献资料贯穿整个研究过程,更是研究前期的一项重要工作。一些初次涉足研究领域的人员往往对此项工作的重要性认识不足,这是很不应该的。事实上查阅文献资料从选题时就已经开始,选题之后的查阅资料则更具有针对性。通过查阅与研究课题相关的文献,可以更好地帮助研究人员熟悉该领域的研究现状,了解已经取得的成果、存在的问题以及发展趋势,借鉴有益的研究思想和方法,避免无效的重复劳动、少走弯路,而且可以为以后解释研究结果提供背景材料。

(3) 进行研究设计。

研究设计主要包括以下工作(含课题论证):

① 分析课题提出的背景(经济、社会、教育等);

② 讨论研究的目的和意义(理论的、实际的);

③ 完成课题的可行性分析(前期研究、研究力量、资料、环境);

④ 对研究问题做出界定,分析研究依据(理论、实践、法规);

⑤ 讨论界定研究的背景知识[研究现状及趋势、研究者经验知识、概念框架,对量的研究应提出研究假设,量的研究中的实验法应识别并标注变量(解释操作意义)];

⑥ 提出研究目标(理论的、实践的);

⑦ 明确研究内容(含子课题设计);

⑧ 确定研究对象,讨论研究关系(主要是对定质研究而言);

⑨ 选择研究方法(收集、整理、分析资料,形成结论的方法——实验法、测量法、观察法、调查

法、行动研究法、个案研究法、经验总结法、内容分析法、比较法等),确定研究策略与操作;

⑩ 设计研究步骤,对研究工作进行分解,进行时间、人员以及经费的安排;

⑪ 明确保障措施(领导、组织机构、制度、条件分析等);

⑫ 确定研究结果的表现方式。

(4) 研究的实施。

① 举办开题会,研究启动;

② 按照计划对研究进行操作,收集、处理、分析资料,建构理论。

(5) 撰写研究报告。

至此,尽管课题研究即告完成,但就研究整体而言,工作尚未结束,研究成果究竟如何,结论是否正确,研究成果的意义、水平怎样,还应由专家进行评议鉴定,更要经过教育实践的检验。如何更好地发挥研究成果的效益,也是我们必须认真对待的。

2. 教育科研实习的方法

(1) 观察法。

观察法是教育研究中使用历史最长的一种方法,古代、近代、现代的教育大家的许多教育论著都是建立在观察基础上的,比如苏联的苏霍姆林斯基的许多著作,大部分资料是靠长期观察得来的。

(2) 比较法。

比较法是对某类教育现象在不同时期、不同社会制度、不同地点、不同情况下的不同表现,进行比较研究,以揭示教育的普遍规律及其特殊表现的方法。

(3) 文献研究法。

文献研究法是从所要研究的课题的历史出发,搜集与该课题有关的文献资料,从中抽取出有规律性的东西为我所用,并在此基础上进一步调查或者比较分析,展开深层次研究的方法。常用的文献主要有档案、相关文件、工作记录、汇报总结、统计数据、报刊、书籍、声像资料,以及信息量巨大、更新迅捷的网络资料等。

(4) 实验研究法。

实验研究法是在人工控制教育现象的情况下,有目的、有计划地观察教育现象的变化和结果的方法。实验法可分为实验室实验法(在人工设置的条件下进行,可借助各种仪器和现代技术)和自然实验法(在日常教育工作的正常条件下进行)。

(5) 调查法。

调查法是为了深入地了解教育的实际情况,弄清教育已有成果的成因,发现问题,总结经验和教训;研究教育理论,探索教育规律;预测教育的发展趋势;为制定教育、教学的方针策略提供事实依据等,采取系统的步骤和方法进行调查研究活动的方法。调查法主要有问卷调查、测验、访谈、座谈和统计等。

(6) 个案研究。

个案研究是对某一界定的研究单元如某一个体、事件、活动、程序等进行深入全面的探索、描述和分析,以获得该单元的整个信息。

(三)基础教育调查与研究参考选题(见《教育实习手册》)

基础教育研究小论文参考案例

核心素养的培养与地理教材二次开发的教学探索
——以"水循环过程及地理意义"为例

摘要:人地协调观、区域认知、综合思维和地理实践力是地理学科的核心素养,是地理教学的灵魂所在,是教育的终极目标和人文关怀的体现。对地理教材进行二次开发的教学探索,是为了更好地将核心素养贯彻在实际的教学中,厘清基于核心素养培养的地理教材的二次开发是课程教学研究的课题之一,对课堂教学中知识育人功能的充分发挥具有重要的理论意义。核心素养的培养是地理教材二次开发教学探索的中心,对教育者提出了更高的要求。教师应做学生的引导者,在课本无法将知识诠释到的地方,通过自己的方法二次开发教材,弥补这份空白。

关键词:核心素养;地理教材二次开发;教学探索

一、教材二次开发教学探索

成功的教学,离不开教师对教材的二次开发。教材的二次开发是对教材中隐含的能够促进学生发展的元素进行重组、拓展、延伸,并加以经验化和体验化的学习设计。开发过程需要遵循学生学习的规律和知识存在的逻辑,通过意义式挖掘以表达教材知识的多维属性,结构式整合以分析教材的潜在逻辑,拓展式引入以延伸教材内容的相关经验,生态式联结以弥合教材客体与学生主体之间的缝隙。以文化性探源、时代性甚是和人本性关怀为导向,挖掘教材知识间的文化关联、凸显教材内容的时代价值,并实现从"教书"到"育人"的转变是当前教材二次开发的努力方向和实践追求。

二、核心素养的培养与教材二次开发教学

(一)区域认知

区域认知指人们运用空间、区域的观点和方法认识地理环境的思维品质和能力。区域认知是用区域的观点和方法认识;对区域本身的认识。要求学生培养从区域的视角认识地理现象的意识与习惯,正确采用认识区域的方法与观点认识区域。正确解释、评析区域开发利用决策的得失。如运用资料和文字描述,能构建出自己的理解蓝图;根据材料提供的有效信息,区域认知需要灵活用图,培养读图、分析运用能力。受篇幅所限,教材

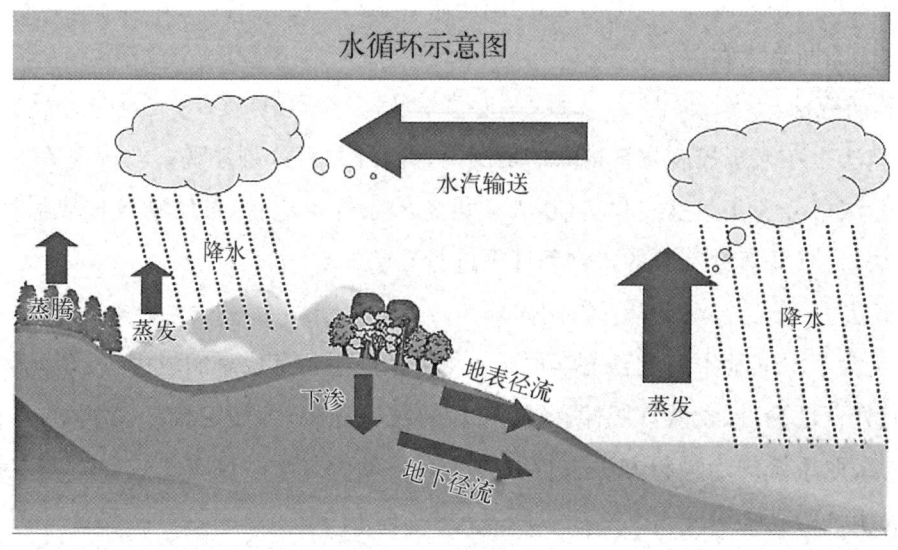

续　表

中不可能展现出所有的区域地图,示意图。教师应该在教材已有图示基础上适当增加,达成较好的二次开发。

在水循环的讲解中,水循环的示意图是每个教师教学借助的必不可少的手段和工具,书上有简化的示意图,但仍需要教师去二次开发、挖掘、讲解,如蒸发的水汽一部分通过水汽输送走了,另一部分则降水在海里,所以在箭头粗细上,可以看出蒸发的箭头会比水汽输送的更粗。这种二次讲解能帮助学生更好地理解水循环的整个环节。通过读图以及图示水循环过程等,帮助学生提升获取信息能力、总结归纳能力。

(二) 综合思维

综合思维指人们运用综合的观点和方法认识地理环境的思维和能力。能够从地理要素综合的角度认识地理事物的整体性,地理要素相互作用、相互影响的关系。高中、初中的地理已经将不同地理要素之间的关系、地理环境和人类活动之间的关系作为重要的教学内容,具有一定的综合性。课本是成人设计的,固然以学生为主体,但在一些成人看来的常识性知识方面,学生却并不知道。实际教学中就需要教师在课本基础上,根据学生的学情去给予补充性说明。

对本章节内容进行二次开发,在学习了水循环过程和主要环节基础上,展开海绵城市建设探究。将基础知识的学习融入解决实际的综合性问题中,课本告诉学生,海绵城市是指城市能够像海绵一样,在适应环境变化和应对自然灾害等方面具有良好的"弹性"。教师则要教授学生,海绵城市如何运作以达到这一良好的弹性,例如赣州常年多降雨,城区三面环水而不内涝,正是古代工程福寿渠作用的结果,是古老的海绵城市。

(三) 地理实践力

地理实践力指人们在考察、调查和实验等地理实践活动中所具备的意志品质和行动能力。学生能够使用观察、调查等方法收集和处理地理信息,有发现问题、探索问题的兴趣。教师基于对教材的二次开发,引导学生走出课堂,亲身参与地理实践活动,有助于学生地理实践力的提升。

例如,教师对水循环内容进行二次开发,可引导学生从坡度,地表形态等方面,探究影响下渗的因素,设计实验让学生在校园内,选择相同条件大小下的一块水泥地、绿地以及渗水砖的地表,关注水在不同地表上下渗的速度,反复实验,实地观测记录。这也有助于提高学生设计方案、合作探究的能力。

(四) 人地协调观

人地协调观指人们对人类与地理环境之间关系秉持的正确的价值观。由知识学习进入具体情境,以实际生活为基础,坚持学以致用,去触动学生的心灵,引导学生认识到自然环境是人类生存、发展的基础,并能够辩证看待自然环境对人类活动的各种影响。

在水循环学习中,可以先展示在人类实际生产生活中大量浪费水、污染水的情况,给学生的心灵带来震动,引导学生产生责任感,进行主动探究:通过这一章节的学习,我能做些什么?面对城市内涝,我又该怎么样建设海绵城市?从而通过探究形成正确的价值观。

三、结语

综上所述,核心素养培养是教材二次开发的中心。在实际的教学中,根据学生的学情,教师延伸相关经验,弥合教材客体与学生主体之间的缝隙。以文化性探源、时代性和人本性关怀为导向,挖掘教材知识间的关联、凸显教材内容的时代价值,并实现从"教书"到"育人"的转变。

参考文献

[1] 梁会成.核心素养与初中地理教材二次开发教学探索[J].教育艺术,2022(06):39.
[2] 陆庆红.指向高中地理核心素养培养的教学探索——以"外力作用及其对地表形态的影响"为例[J].地理教学,2021(02):24-26.

五、综合工作实习指导体例

（一）关键事件记录表体例

实习学校：	实习学科：	实习指导教师：	实习时间： 年 月 实习第 周
实习生姓名：	实习生学号：	实习生专业：	带队指导教师：
每周选择对自己教育实习工作生活影响最大的一件事进行记录			

事件简要描述	
感受与评价	
影响与启示	

关键事件记录表参考案例

实习学校：	实习学科：	实习指导教师：	实习时间： 年 月 实习第 周
实习生姓名：	实习生学号：	实习生专业：	带队指导教师：

每周选择对自己教育实习工作生活影响最大的一件事进行记录

事件简要描述	**4月12日星期二，我在七年级(2)班上了一堂语文课，内容是文言文《爱莲说》，并将其分为两个课时进行讲解**。文言文是学生们学习的重要内容之一，但其中一些字词的理解对学生来说确实存在一定难度。在第一次讲课时，我发现自己对课堂时间的把控还不够精准，不过，我能够与学生们进行积极的课堂互动，这让我感到欣慰。 为了更好地完成教学任务，我在讲课前做了充分的准备。我认真研读教材，深入理解《爱莲说》的内涵，并精心制作了PPT，以帮助学生更好地理解课文。上课的基本流程是课前导入，我选择了同学们熟悉的关于莲的诗句作为导入，同时检查同学们对以往学习内容的掌握情况。令人欣喜的是，大多数同学都能顺利回答出来，这说明他们对之前的学习内容已有所巩固。 文言文的学习离不开朗读，而《爱莲说》这篇文章本身节奏感强。为了让学生更好地理解课文，我引导他们多读，并注意读出节奏。第一节课主要围绕重点字词的讲解和课文翻译展开，帮助学生夯实基础；第二节课则重点对课文内容进行深入学习，引导学生体会作者的思想感情。整个课堂进行得比较顺利，同学们积极配合，课堂氛围活跃。 **4月16日，八年级(3)班主题班会：《讲红色故事，做时代新人》** 4月16日晚上，我在八年级(3)班开展了一场主题为《讲红色故事，做时代新人》的班会。这次班会分为五个部分，旨在通过讲述红色故事，引导学生传承红色精神，争做时代新人。 班会伊始，我以新中国的发展历程为切入点，引入红色故事，帮助学生了解国家发展的历史进程。接着，我引导学生分享他们所知道的红色书籍和红色歌曲，同时穿插了同学们齐唱国歌的环节，让爱国情感在歌声中得到升华。随后，同学们分享了革命英雄的小故事，这些故事深深打动了大家，也让同学们对红色精神有了更深刻的理解。在第四部分，我引导学生思考，在了解了这些红色故事后，作为中学生，我们应该如何传承红色文化？最后，我用习近平总书记对青年的寄语作为总结，鼓励同学们将红色精神内化于心、外化于行，努力成长为有理想、有担当的新时代青年。 **中午值班与作业批改。** 在日常教学之余，我还会在中午留校负责同学们的午休管理，并利用这段时间批改作业。午休时间，我时刻关注着同学们的休息情况，确保他们能够得到充分的休息，以便更好地投入到下午的学习中。同时，通过批改作业，我可以及时了解学生的学习情况，发现他们在学习过程中存在的问题，并为后续的教学调整提供依据。虽然这项工作有些烦琐，但看到学生们在学习上取得的进步，我感到所有的付出都是值得的。 通过这段时间的教学与班会活动，我深刻体会到教师工作的责任与使命。每一次的课堂互动、每一次的活动组织，都是与学生心灵交流的过程。我将继续努力提升自己的教学能力，用心关爱每一位学生，为他们的成长助力。
感受与评价	**讲课体验：** 在成长中收获平静与进步。 在第二次讲课的过程中，我深刻感受到了自己的成长与变化。相较于第一次讲课时的紧张不安，这一次站在讲台上，内心平静了许多。那种曾经的紧张感仿佛被时间与经验悄然稀释，让我能够更加从容地面对台下的同学们。而当为八年级的同学们主持班会时，紧张情绪更是进一步减少，这让我明白，每一次的实践都是对自我的一次磨砺与升华，讲课之路，正是在这样的不断尝试与积累中，逐步走向成熟。

续表

感受与评价	**指导老师评价：**指导老师在听完我的讲课后，提出了宝贵的意见。他指出，在个别知识点的讲解上，我给同学们的点拨还不够深入到位，这可能会影响同学们对知识的全面理解和掌握。然而，他也肯定了我的讲课中一些值得称赞的地方。在提问形式上，我采用了多种方式，这极大地激发了同学们的思考与参与热情。课堂检测和小组讨论环节的设置，也为同学们提供了检验学习效果和交流思想的平台，这些创新的教学方式，无疑为课堂注入了活力，让同学们在互动中更好地吸收知识。指导老师的评价既点明了我需要改进的方向，也给予了我继续探索教学方法的信心。 **自我评价：**回顾第二次讲课，我清晰地看到了自己的进步与不足。进步之处在于，我能够更加自如地掌控课堂节奏，不再被紧张情绪左右，这让我可以将更多的精力投入到教学内容的传递上。同时，我也在教学方法上有所创新，通过多样化的提问和互动环节，提升了课堂的趣味性和有效性。然而，不足也是显而易见的，在一些关键知识点的讲解上，我还需要进一步精雕细琢，确保同学们能够真正理解并掌握。我深知，讲课是一门需要不断学习和实践的艺术。每一次的讲课都是一次新的挑战，也是一次新的机遇。我将以这次讲课为新的起点，继续努力，不断练习，循序渐进地提升自己的教学水平，向着成为一名优秀教师的目标稳步迈进。
影响与启示	实习第一周已然落幕，我们在这段旅程中不断成长，也在成长的道路上回首过往。俄国诗人普希金曾说："而那过去了的，就会成为亲切的怀念！"岁月如白驹过隙，我们在时光的流转中悄然蜕变。这一周，我收获了诸多感悟。 　　在这一周里，我为七年级的同学们授课，为八年级的同学们主持班会。在这个过程中，我发现了自己诸多的不足之处。然而，正是在听课与上课的过程中，我得以学习到其他老师精湛的教学方法和技巧，也能够及时纠正自己的不足。如今，当我再次站上讲台时，相较于第一次上课，所出现的问题已经少了许多。 　　经过两次上课的历练，我在主持班会时的紧张情绪也减轻了不少，变得更加从容自信。但我也清楚地意识到，自己在开班会的形式上还稍显单一。课后，老师给了我宝贵的建议：可以适当加入同学们的表演，让班会更加生动有趣；同时，为了避免插入视频时出现错误，建议我在准备之前将视频下载并存入U盘。这些问题虽小，却都是我可以改进的方向。通过几次上课的经历，我不仅发现了自己更多的不足，更在不断修正中成长了许多。 　　回首这一周的实习，我收获满满。我想对自己说：努力固然重要，但常态化才是关键。真正努力的人，能够随时进入任何角色，并在过程中找到属于自己的感觉与快乐。未来的路还很长，我会带着这一周的收获与感悟，继续前行，不断成长。

（二）课堂教学纪实美篇体例

实习学校：　　　　　　实习学科：　　　　　　实习指导教师：　　　　　　实习时间：　　年　　月
实习生姓名：　　　　　实习生学号：　　　　　实习生专业：　　　　　　带队指导教师：
上课年级班级：　　　　上课章节：

一、教学准备阶段［要求：呈现备课、磨课现场照片，完整教案（手写后拍照），教学PPT等］

续 表

二、**教学实施阶段**[要求：呈现上课照片(尽量包括多角度拍摄,包括课堂全景、师生提问互动、实习生肢体语言表达等方面),2~3面课堂板书(拍照),3~5个课堂教学视频小片段(可手机拍摄课堂表现精彩片段:如课堂导入、课堂讲授、课堂互动、课堂把控等)]

三、**教学评价阶段**(要求:呈现实习学校指导教师、高校带队指导教师、授课学生的反馈与评价言语)

四、**教学反思阶段**(要求:呈现实习生个人教学反思)

课堂教学纪实美篇参考案例

实习学校：	实习学科：	实习指导教师：	实习时间： 年 月
实习生姓名：	实习生学号：	实习生专业：	带队指导教师：
上课年级班级：	上课章节：		

一、教学准备阶段

(一)教材分析

《明朝的灭亡》是义务教育课程标准实验教科书历史七年级下册第三单元的重要内容。本课在教材体系中具有承上启下的关键作用,它不仅总结了明朝晚期的社会状况和政治危机,更为后续清朝的兴起与统治奠定了基础。

明朝的灭亡是封建社会晚期的一次重大历史转折。通过对这一内容的学习,学生可以深入了解明朝晚期的统治危机、农民起义的爆发以及李自成政权的建立与失败,进而理解明朝灭亡的必然性与历史教训。同时,这一课也为学生提供了分析历史事件因果关系、评价历史人物和理解历史发展趋势的机会,有助于培养学生的批判性思维和历史分析能力。

(二)教学课件制作

通过图文的方式生动形象地展示大致内容,尽可能地吸引学生的注意力。

二、教学实施阶段

(一)复习式导入

通过回顾复习第16课明朝的科技、建筑与文学的学习内容,在复习旧知识点的过程中,逐步引出当堂课需要讲授的新知识点,使学生们对知识点的学习上下连贯,进而提高同学们的学习效率。

(二)课堂主题:政治腐败与社会动荡

两者存在因果关系,政治腐败表现:皇帝沉迷享乐,疏于朝政;皇室内部钩心斗角,纷争不已;大臣们结党营私,争权夺利。社会动荡的表现:朝政的混乱造成中央对社会的控制力不断下降,法纪松弛,各级官吏贪赃枉法,对民众百般盘剥。

三、教学评价阶段

2024年5月21日,我在七(7)班讲授了第17课明朝的灭亡,首先通过这节新课的讲授,我深感明朝作为中国历史上一个重要的朝代,其灭亡原因的复杂性和多样性令人惋惜,在准备和讲授过程中,我不断被明朝丰富的历史细节和深远的文化影响所吸引。这使我更加坚定了自己的信念,即历史教育不仅仅是传授知识,更是传承文化和培养人文素养的重要途径。

其次,在教学过程中,我意识到与学生的互动和沟通至关重要。我尽力通过生动的案例、有趣的史实和深入浅出的讲解,激发学生的学习兴趣和好奇心。同时,我也鼓励学生提出问题和发表观点,通过互动讨论来深化对明朝灭亡原因的理解。这种互动不仅提高了教学效果,也增进了师生之间的了解和信任。

最后,关于明朝的灭亡教学评价的反馈,我整理了实习点学校指导老师、带队指导老师以及授课学生的反馈与评价,以下是详细的呈现:

实习学校指导老师:

教学内容。指导老师表示,我准备的教学内容详尽且深入,涵盖了明朝灭亡的多个方面,如政治腐败、农民起义、满洲兴起等,确保了学生能够全面理解明朝灭亡的历史背景。教学内容中大量使用了历史图片、地图和史料,这些直观的材料帮助学生更好地理解和记忆历史事件。

教学方法。指导老师对我采用的教学方法表示赞赏。我使用了视频导入、PPT展示、分组讨论等多种教学手段,有效提升了学生的学习兴趣和参与度。我注重学生的思考和讨论,鼓励学生发表自己的观点,培养了学生的历史思维和批判性思维。

教学效果。经过本课程的学习,学生对明朝灭亡的历史事件有了清晰的认识,能够理解其对中国历史发展的重要意义。学生的历史素养和批判性思维能力得到了显著提高,能够更深入地分析历史事件和人物。

带队指导老师:

教学能力。带队指导老师认为,我在明朝灭亡的教学过程中展现了出色的教学能力。我准确把握了教学目标和难点,能清晰、生动地讲解历史知识。我注重与学生的互动,能够根据学生的反馈及时调整教学策略,确保教学质量。

教学态度。带队指导老师对我的教学态度表示肯定。他们认真负责,对待教学工作充满热情,为学生提供了良好的学习环境和氛围。我还积极参与学校组织的各种教学活动和会议,不断提升自己的教学水平和专业素养。

授课学生的反馈:

学习体验。学生表示,通过本课程的学习,他们对明朝灭亡的历史事件有了更深入的了解和认识。教师使用的教学方法(如视频导入、PPT展示等)使学习变得更加生动有趣,提高了他们的学习兴趣和参与度。

知识收获。学生认为,通过本课程的学习,他们不仅掌握了明朝灭亡的相关知识,还提高了自己的历史思维和批判性思维能力。

他们对历史事件和人物有了更深刻的认识和理解,对历史产生了更浓厚的兴趣。

建议与意见。部分学生建议教师可以增加一些课堂互动环节,如小组讨论、角色扮演等,以进一步提高学生的参与度和学习效果。还有学生表示,希望教师能够推荐一些相关的书籍和文章供他们进一步阅读和学习。

四、教学反思阶段

在深入讲解《明朝的灭亡》这一历史课题后,我产生了许多个人的教学感想。这次的教学经历不仅让我更加深入地理解了明朝的历史变迁,也让我对如何有效地传授历史知识有了更深刻的体会。

首先,我深刻感受到历史的复杂性和多面性。明朝的灭亡并非单一原因所致,而是由政治腐败、经济衰退、社会动荡、外族入侵等多重因素共同作用的结果。在讲解过程中,我努力将这些因素联系起来,形成一个完整的历史脉络,帮助学生全面理解明朝灭亡的深层次原因。同时,我也意识到,在讲解历史时,不能简单地用"好"或"坏"来评价历史事件或人物,而应该站在历史的角度,客观地分析和评价。

其次,我体会到教学方法和手段的多样性对于教学效果的重要性。在讲解《明朝的灭亡》时,我采用了讲授法、案例分析法、小组讨论等多种教学方法和手段。这些方法各有优劣,需要根据学生的实际情况和教学内容进行选择和调整。例如,在讲授法中,我注重条理清晰地呈现历史事件和人物,帮助学生建立完整的历史框架;在案例分析法中,我通过具体的历史事件来解读历史规律,提高学生的历史分析能力;在小组讨论中,我鼓励学

续 表

生自主思考和交流,培养他们的合作精神和批判性思维。

　　再次,我也发现与学生的互动和交流对于教学效果有着至关重要的影响。在教学过程中,我积极与学生互动,鼓励他们提问和发表观点。这不仅有助于激发学生的学习兴趣和主动性,还能够让我更加了解学生的学习情况和需求,及时调整教学策略和方法。与学生的互动也让我感受到他们对于历史的热情和好奇心,这让我更加坚定了作为一名历史教师的使命感和责任感。

　　最后,我深刻认识到作为一名历史教师,需要不断学习和提升自己的专业素养和教学能力。历史是一个不断发展和变化的学科,需要我们不断更新知识体系和教学理念。同时,我们也需要不断探索和尝试新的教学方法和手段,以适应不同学生的学习需求和发展趋势。作为一名年轻的历史教师,我深知自己还有很多需要学习和提升的地方,我将继续努力,为培养更多的历史人才贡献自己的力量。

(三) 智慧教学纪实体例

实习学校:　　　　实习学科:　　　　实习指导教师:　　　　实习时间:　　年　月
实习生姓名:　　　　实习生学号:　　　　实习生专业:　　　　带队指导教师:

教育要面向现代化,面向未来,面向世界。智慧教学要充分使用现代科学技术手段,开发教育资源,优化教育过程,推动教育信息化,以培养和提高学生学习能力与创新技能。

智慧教学纪实参考案例

实习学校:　　　　实习学科:　　　　实习指导教师:　　　　实习时间:　　年　月
实习生姓名:　　　　实习生学号:　　　　实习生专业:　　　　带队指导教师:

一、教学理念

　　教育要面向现代化,面向未来,面向世界。智慧教学是充分运用现代科学技术手段,开发教育资源,优化教育过程,推动教育信息化,以培养和提高学生学习能力与创新技能的新时代教育生态。本节课将通过智慧教学手段,激发学生的学习兴趣,提升他们的自主学习能力和历史思维能力。

二、教学目标

　　(一) 知识与技能

　　1. 学生能够掌握明朝晚期政治腐败、社会动荡的基本史实。

2. 理解李自成农民起义爆发的原因、经过及其失败的教训。
3. 分析明朝灭亡的多重因素,培养学生的综合分析能力。
(二)过程与方法
1. 通过智慧教学平台,利用多媒体资源(如图片、视频、动画等)增强学生对历史事件的直观感受。
2. 运用在线讨论、小组协作等互动方式,引导学生主动探究历史问题,培养他们的合作与探究能力。
3. 利用智能教学工具,如思维导图软件、在线测试平台等,帮助学生梳理知识结构,巩固学习成果。
(三)情感态度与价值观
1. 通过学习明朝灭亡的历史教训,引导学生树立正确的历史观和价值观,认识到腐败与暴政的危害。
2. 激发学生对历史学习的兴趣,培养他们对国家和民族命运的关注。
3. 引导学生在学习过程中学会尊重历史、敬畏历史,培养他们的社会责任感。

三、教学重难点
(一)教学重点
1. 明朝晚期政治腐败的表现。
2. 李自成农民起义的经过与失败原因。
(二)教学难点
1. 分析明朝灭亡的多重因素及其历史启示。
2. 运用智慧教学工具,引导学生自主学习和合作探究。

四、教学方法
1. 讲授法:结合多媒体课件,系统讲解明朝灭亡的历史背景和主要事件。
2. 讨论法:利用智慧教学平台的在线讨论功能,组织学生围绕"明朝灭亡的原因"展开小组讨论。
3. 史料研读法:通过智慧教学平台推送相关史料,引导学生通过分析史料来理解历史事件的因果关系。
4. 任务驱动法:布置学习任务,如制作思维导图、撰写历史小论文等,引导学生自主学习。

五、教学资源
1. 智慧教学平台:[具体平台名称],用于发布教学资源、组织在线讨论、进行在线测试等。
2. 多媒体资源:包括图片、视频、动画等,增强学生对历史事件的直观感受。
3. 思维导图工具:如 MindMeister、XMind 等,帮助学生梳理知识结构。
4. 在线测试平台:如问卷星、ClassDojo 等,用于检测学生的学习效果。

六、教学过程
(一)导入新课(5分钟)
1. 展示多媒体资源:通过智慧教学平台展示明朝晚期社会动荡的图片或视频,引出问题:"明朝是如何走向灭亡的?"
2. 激发兴趣:引导学生思考并发表自己的看法,激发学生的学习兴趣,导入新课。
(二)讲授新课(25分钟)
1. 明朝晚期的政治腐败(8分钟)
(1)多媒体展示:展示明朝晚期政治腐败的相关图片和史料。
(2)讲解内容:讲解明朝晚期政治腐败的表现,如宦官专权、官场腐败、土地兼并等。
(3)互动环节:利用智慧教学平台的在线讨论功能,让学生讨论"政治腐败对明朝社会的影响"。
2. 李自成农民起义(10分钟)
(1)视频播放:播放关于李自成农民起义的短视频,帮助学生了解起义的背景、经过和失败原因。
(2)小组讨论:组织学生分组讨论"李自成提出'均田免赋'口号的意义及其对农民起义的推动作用"。
(3)代表发言:每组推选代表发言,教师进行总结与点评。
3. 明朝的灭亡(7分钟)
(1)地图展示:利用智慧教学平台展示明朝灭亡的过程,包括李自成攻占北京、崇祯皇帝自缢等事件。

(2) 分析讨论：引导学生分析明朝灭亡的多重因素，包括政治、经济、军事等方面。
(3) 总结归纳：教师总结明朝灭亡的原因，并引导学生思考从中可以得到的历史启示。
(三) 小组讨论(10分钟)
1. 布置任务：组织学生分组讨论："明朝灭亡的原因有哪些？我们从中可以得到哪些历史启示？"
2. 在线讨论：利用智慧教学平台的在线讨论功能，让学生在小组内进行讨论。
3. 代表发言：每组推选代表发言，教师进行总结与点评。
(四) 课堂总结(5分钟)
1. 知识回顾：利用智慧教学平台的思维导图工具，与学生一起回顾本节课的重点内容。
2. 情感升华：引导学生思考明朝灭亡的历史教训，强调"以史为鉴，可以知兴替"的重要性。
3. 布置作业：布置课后作业，如撰写一篇关于"明朝灭亡的历史启示"的历史小论文，要求学生利用智慧教学平台提交作业。
(五) 课后拓展(5分钟)
1. 推荐资源：推荐相关的历史书籍和纪录片，如《明朝那些事儿》《大国崛起》等，鼓励学生自主学习。
2. 在线测试：利用在线测试平台，布置课后测试题，检测学生的学习效果。

七、教学评价
1. 课堂表现评价：通过智慧教学平台的互动功能，记录学生的课堂参与情况，包括发言次数、讨论质量等。
2. 作业评价：利用智慧教学平台的作业提交和批改功能，对学生提交的历史小论文进行评价，重点关注学生的分析能力和创新思维。
3. 测试评价：通过在线测试平台，对学生的学习效果进行量化评价，及时了解学生的学习情况，为后续教学调整提供依据。

八、教学反思
1. 教学过程反思：反思智慧教学工具的使用是否得当，是否真正提高了学生的学习兴趣和学习效果。
2. 学生反馈反思：通过智慧教学平台收集学生的反馈意见，了解学生对本节课的满意度和建议。
3. 教学改进计划：根据教学反思和学生反馈，制定后续教学改进计划，不断提升教学质量。

（四）基础教育案例体例

走进语文教学的艺术殿堂(片段)

我的一点教学经验大多源于一个个鲜活的师生故事。每一个故事的发生都让我明白：语文是语言的艺术，教学是对人的艺术，语文教学更是一门博大精深的艺术。

记得有一次，我在批阅作文时，发现了一位男生的作文流露出些才气。于是在作文讲评课上，我点名让这个男生上讲台朗读，结果这位略有口吃的同学遭到了哄笑。

台下的同学们紧紧注视着他，课堂里死寂一片。沉默中，我突然从后悔自责中省悟：初为人师的我不是也有过临场时的恐惧和冷场时手足无措的尴尬吗？然而是自信战胜了这一切。有时候，一次小小的成功能够激活一个人潜在的巨大的自信，可一次难忘的失败往往可以摧毁一个人仅有的一点自信。眼前的这个男生难道会陷入后一种情形吗？不，决不能。我终于微笑着开口了："既然他不太习惯在众目睽睽之下说话，那索性我们大家都趴在桌上，不看,只用耳朵听吧!"我带头走到教室后,背对讲台站定,同学们也纷纷趴在桌上。

终于,我的背后传来了轻轻的羞怯的声音。那的确是篇好作文,写的是他和父亲之间的故事。因为动情的缘故,我听到的声音渐渐响了起来,停顿也不多了,有的地方甚至可以说是声情并茂了,我知道他已渐渐进入了状态,涌上心头的阵阵窃喜使我禁不住悄悄回头看看他。我竟然发现台下早已有不少同学抬起头,默默向他投去赞许的目光。朗读结束后,教室里响起热烈的掌声。我知道这掌声不仅仅是给予这篇作文的。我仿佛看到了这位男生长大后,在大学的演讲台上慷慨激昂、挥洒自如;也看到了他在家中客厅里,与朋友们神聊胡侃、谈吐自如;我甚至看到他在咖啡厅里同自己心爱的女孩絮絮耳语。我心里涌起一阵感动,我相信这堂课对于他有非凡的意义。

我总在想:语文教学绝不仅仅靠嘴和粉笔,它更需要你用心去感受、去捕捉,用情感去灌溉、去融合,奇迹往往诞生于其中。我还在想:语文教学的最终目的也绝不仅仅是看书写字,它更应是贯穿于学生全部生活中的生存能力的培养和对事物审美鉴赏能力的塑造。我一直在想:要让我的学生成为一个个能够融入社会,并能够在此中展现个人魅力的高素质的人。

[摘自王红《走进语文教学的艺术殿堂》,《教师博览》(文摘版)2001年第1期]

(五) 教育叙事体例

实习学校:	实习学科:	实习指导教师:	实习时间: 年 月
实习生姓名:	实习生学号:	实习生专业:	带队指导教师:

教育叙事在教育者群体中是一种常态而普遍的存在。比较有名的有陶行知先生的"四颗糖"的故事,苏霍姆林斯基"两朵玫瑰花"的故事……这些故事都引导人们思考和探寻教育的真谛、人性的本源。教育叙事是讲述在实习过程中发生的教育教学故事(含教师与学生的故事),但又不是为了讲故事而讲故事。

实习生通过叙述教育教学中的真实情境,展开对教育教学现象的思索、对教育教学问题的研究,将客观的过程、真实的体验、主观的阐释有机融为一体,总结教育教学经验和领悟教育教学过程,深度促进了自身在教师职业上的专业化成长。

教育叙事通常包含四个基本要素:故事背景、情境描述、问题解决的结果及效果的描述、反思或评析。

(1) 故事背景:交代故事发生的时间、地点、人物、起因,但不必面面俱到,关键在于说明故事的发生有何特别原因和条件。如果在正文之前有引言或绪论,则本内容可省略。

(2) 情境描述:选择真实的故事情节,凸显焦点,能反映一个鲜明的问题或矛盾。要有细节描写,力求生动、引人入胜。先描述后分析,可叙议结合,或夹叙夹议。

(3) 问题的解决结果及效果的描述:用一句或几句简单的话,描述问题解决的结果及效果,以突出、强调,让人们进一步理解、感悟其典型的教育意义。

(4) 反思或评析:反思、评析是将教学教育行为的成败上升到理论层面而进行的分析。反思是指教师把自己的教育教学活动本身作为研究的对象,多角度地进行审视、思考、探究与评价;评析是从观察者的角度对他人的教学叙事进行分析和思考。

教育叙事参考案例

实习学校：	实习学科：	实习指导教师：	实习时间： 年 月
实习生姓名：	实习生学号：	实习生专业：	带队指导教师：

教育家苏霍姆林斯基说:"好的教育是唤醒、是鼓舞、是激励。"哲学家詹姆士说过:"人类最本质最殷切的要求是:渴望被肯定。而赏识、赞扬、鼓励正是肯定一个人的具体表现,是帮助孩子树立自信心所必需的,是孩子成长的需要。"

刚来到八年级三班做实习班主任的时候,班里有一位男生引起了我的注意,他的成绩位于班级的中上水平,可是其学习习惯存在着严重的问题:上课走神、乱讲话,下课喜欢与同学打闹,周末回家从不看书复习,只知道打游戏……我看见他的第一眼时,就产生了一点疑惑:有着这样言行举止的学生,他的成绩怎么还会位于班级中上水平?经过几天时间的观察和与他谈话,我发现这个学生的理科思维很好,学习能力很强。我心想:这是一位可塑之才,我得做点什么!我对他采用的方法是鼓励、鼓励、再鼓励。因为我坚信,如果一个孩子生活在鼓励中,那么他学会的一定是自信。

有了方法论,接下来就是实践。于是我跟班主任进行沟通说明我的想法,刚好化学学科缺一位课代表,我想让这位同学试一试。班主任表示给予我大力支持。第一步:深入了解这个学生。先与他谈心,对他的学习能力给予充分肯定,并明确表示十分看好他化学学科的学习,与他一起分析经过努力后成绩能够达到的位置,在他的心目中树立了一个明确的奋斗方向。第二步:改正他的不良习惯。例如发现他走神,我会走到他身边用善意的眼光提醒他,做到润物细无声;第三步:对他取得的一点进步给予奖励,考出好的成绩,我给他一个小奖励;考差了,给他分析原因鼓励他再接再厉。慢慢地,在我的鼓励下,孩子看到了希望,增添了力量和勇气,产生"我也能行"的良好感觉。在接下去的日子里,他读书越来越用功,经过多次考试他的成绩一直呈上升趋势。刚开始是化学学科比较出色,到后来物理数学语文也能学得很好,最后中考也取得了不错的成绩。最让我高兴的是他对化学学科的热爱不仅仅表现在课堂知识的学习上,周末和假期他会购入大量的试验仪器进行化学实验。进入高中后,他也自豪地告诉我,他的化学成绩每次都名列前茅,还成为了他们班的化学课代表。其实每一个孩子都是发光体,有时候可能没被发现,或者缺乏那个让他发光的舞台,我们应多多鼓励,给他们肯定、认可,创造更多的舞台,让他们在自己适合的舞台上发光发亮。

鼓励就像心灵的一股甘泉,是一颗能萌发奇迹的种子,鼓励就如一缕阳光,温暖了学生的心灵,鼓励就像一杯甘露,滋润了干涸的大地,鼓励还像一抹笑容,带给孩子们新的希望。鼓励对人类的灵魂而言,就像阳光一样,没有它,我们就无法成长开花。愿每个学生在鼓励下盛开自信之花!

(六) 教案体例

《老人与海鸥》教学设计

一、教学设计理念

《全日制义务教育语文课程标准》指出:"语文是最重要的交际工具,是人类文化的重要组成部分。工具性与人文性的统一,是语文课程的基本特点。"因此我们应该让学生在习得语言工具的同时,感受到人文的熏陶,让学生在人文情感的冲击下,理解语言、运用语言。"阅读是学生的个性化行为",要引导学生进行个性化阅读、个性化感悟,在阅读体验中感受人与动物的亲情,感悟大自然的和谐之美。"阅读教学是学生、教师、文本之间对话的过程",学生与文本对话时,教者应抓住时机进行恰当的点拨和调控,充分体现"以学定教"的教学原则。不轻视学生已有的生活经验,不漠视学生自我提升的课前独立学习能力,相信学生,打造"优质、高效与创新"的小学语文课堂教学。

二、教材分析

课文讲述了一个感人的故事。十多年前,老人在湖畔偶遇一群从北方飞到昆明越冬的海鸥。从此,老人与海鸥结下了不解之缘。每逢冬季来临,海鸥便成群结队地来到翠湖之畔,老人也像赶赴约会似的,每天到翠湖之畔去喂海鸥,风雨无阻。他视海鸥为儿女,给它们起名字。久而久之,海鸥与老人结下了浓厚的情谊。然而有一天,老人去世了。海鸥们在老人的遗像前翻飞盘旋,哀鸣不断,后又肃立不动,像是为老人守灵的"儿女"不忍离开自己的亲人。课文结构清楚,可分为两部分,前半部分通过老人呼唤海鸥的名字、与海鸥亲切地说话等事例表现了老人对海鸥无私的爱;后一部分则通过老人死后,海鸥在老人遗像前翻飞、盘旋、肃立、鸣叫等悲壮画面,展示了海鸥对老人的那份令人震撼的情感,课文语言朴实,平凡中饱含深情,令读过的人无不为人与动物之间的这种真挚感情而动容。

三、教学目标

(一)知识与技能

1. 有感情地朗读课文

2. 揣摩作者是如何把感情真实、具体地表达出来的,并进行语言积累

3. 抓住重点词句,体会句子的意思

(二)过程与方法

1. 通过朗读、感悟,感受老人与海鸥之间深厚的感情

2. 通过体会重点词句的意思,揣摩作者是如何把老人与海鸥之间的感情真实、具体地表达出来的

(三)情感、态度与价值观

让学生认识到,动物是有灵性的,它们是我们亲密的朋友。我们对它们所付出的任何一份感情,都能得到它们加倍的回报。

四、教学重点、难点

(一)教学重点

了解老人与海鸥之间有着怎样的感情。

(二)教学难点

体会课文是怎样把老人与海鸥之间的感情真实、具体地表达出来的。

五、教学过程

(一)图片导入,激情读文

1. 出示图片:谁想给这张图片取个名字?

预设:"老人与海鸥""人与自然""和谐"。

2. 师生、生生相互评点

3. 提问：同学们，知道老师为什么要让你们看这张图片吗？

预设1：学一篇《老人与海鸥》的文章。

预设2：让我们了解更多的信息，更深入地体会人与自然的和谐。

4. 教师放音乐，学生默读课文。

5. 教师引导学生表达心情，并带着这种心情读文章相关段落。师生互评。

（设计意图：引情入境是语文课堂的"必杀技"，有了一个良好的开始、一个真情的互动，对于学生释放情怀、感知文本、通理晓情有百利而无一害。）

(二) 展示所知，融合提升

1. 教师引入

师：从同学们的朗读，老师已经看得出同学们都是"有备而来"的，课前对这篇课文已经有了一定的了解，对吧？那么下面咱们就来展示一下课前所获。

2. 学生展示交流

(1) 字词攻关环节。

① 小组中学生互评"先知先觉"导学卡字词的书写情况。

预设：学生可能根据书写的工整度、正确率等多个方面给予评价。教师要充分尊重学生的评价。

② "释词"中以个人形式汇报。生生评价，教师要点拨释词方法。

预设：撮，吮吸。教师可问：你是怎么了解这个词语的意思的？引导学生通过联系上下文的方法去释词。

抑扬顿挫：声音高低起伏和停顿转折。教师可引导学生用改变用词环境的方法加深对词语的理解，或是通过学生已有阅读经验来释词。

(2) 文本对话环节。

学生汇报完，征求其他同学的建议，对自己的答案进行相应的补充整理。

预设1：我知道课文主要讲了一件什么事：十多年前，一位老人在翠湖湖畔与一群前来过冬的海鸥相遇。此后老人每逢冬季，每天都会到翠湖喂海鸥，他视海鸥为儿女，天天来照顾它们。老人死后，海鸥们在老人的遗像前翻飞盘旋、大声鸣叫、肃立不动，并站成两行，像是为老人守灵的儿女。同学们对我的发言是否还有补充？

预设2：我感觉到老人对海鸥的爱。课文中是这样描写的："老人把饼干丁很小心放在湖边的围栏上，退开一步，撮起嘴向鸥群呼唤。立刻便有一群海鸥应声而来，几下就扫得干干净净。老人顺着栏杆边走边放，海鸥依他的节奏起起落落，排成一片翻飞的白色，飞成一篇有声有色的乐谱。"老人的动作是那么娴熟，与海鸥之间的配合是那么默契。

学生可能补充：

①"扫"字,说明作者把鸥群吃食物的样子写得生动传神。

②"应声而来"也能说明海鸥和老人不是一天的感情,这种情是日积月累的。

③我还从其他段落感受到这份爱,如"在海鸥的鸣叫声里,老人抑扬顿挫地唱着什么。侧耳细听,原来是亲昵得变了调的地方话——'独脚''灰头''红嘴''老沙''公主……'"从这一个个名字可以感觉到老人对海鸥的亲昵,对海鸥的爱。

预设3:我体会到海鸥对老人的情,"海鸥们急速扇动翅膀,轮流飞到老人遗像前的空中,像是前来瞻仰遗容的亲属","瞻仰"一词体现出海鸥们对老人的敬仰、尊敬,以及把老人当作亲人。

学生补充:

①"过了一会儿,海鸥纷纷落地……"从"纷纷""肃立不动"等词体会到海鸥对老人的尊敬、爱戴。

②"海鸥们像炸了营……"从"白色旋涡"体会到海鸥对老人的不舍、悲痛,对老人的一片深情。

(3)查阅相关资料环节。

预设1:有关海鸥的资料。海鸥是人类最熟悉的海鸟,有50多种,其中一半以上在北半球繁殖。它对各种环境都有非凡的适应能力,根据海鸥的羽毛、体形,一般把它分为两种子群。一种是黑头或是有头兜的鸥,体形较小,夏季头部颜色会有变化;一种是头部与身体颜色均呈白灰色的鸥,重90克至2 000克。

预设2:"海鸥老人"碑文:翠湖,古之泽国也,连滇池,后水位渐退,形成沼泽,称菜海子。明清之际,先为沐府林园,后为吴氏宫苑,波光柳色,鱼跃莺飞。昔人有诗赞曰:六尺小船呼不应,水禽沙鸟向人啼。此昔日翠湖之景色也。及至近代,曾一度湖水干涸,殿宇鸠居,水禽沙鸟之景已不复见……

3. 教师小结(两个方面:一是知识的总结,二是学生的评价。)

(设计意图:原来的教学往往更愿意学生是一张任教师涂鸦的白纸,总是希望学生对教材是一无所知的,因为好像那样更容易体现教师的"功劳""苦劳"。而现今的教育改革则更加面对现实,直面真实学情,以学定教;直面学生差异,因材施教,不在"未知"上作文章,而在"已知"上求升华。)

(三)解决未知,满载而归

1. 小组合作讨论解决同学的质疑

师:在课前的预习中还有很多同学都提出了自己不理解的问题,通过刚才的交流,如果感觉自己可以解决的就自己解决,如果仍然感觉有困难的可以听听小组同学的建议。

2. 以小组为单位汇报释疑情况

(设计意图:在"质疑问难"的环节学生往往提不出问题的原因,一是临近下课,时间有限,来不及思考哪个问题没有弄明白,二是想得出问题但很难组织好语言,不知应该如何发问。这种在课前形成的质疑相对来说给足了学生思考的时间,通过文字的形式被记录下来,比语言表达更显性,不易淡化或隐藏掉。同时又以合作的形式交流讨论,既解决了学生心中的疑惑,又是课堂教学的一种反馈,让师生都满载而归。)

(四)图片变换,情感升华

1. 教师将引题时的那张照片换成"雕塑"图片

师:虽然吴庆恒老人已经离开了他心之所系的海鸥,虽然我们再也无缘看到这位和海鸥共舞的老人,但……(让学生接着表达)

2. 配乐齐读碑文中的最后两句话

"此乃人与自然和谐相处之妙趣,岂非春城人民爱鸥情结之表征乎?如今斯人已逝而精神不泯,故铸像以志其永恒。夫天人合一,国泰民安,乃华夏文明之精义,然则,'海鸥老人'之精神,亦可通天人之道也。"

(七) 教学反思体例

《春雨的色彩》教学反思

《春雨的色彩》是一篇很美的童话故事,写了一群小鸟在争论春雨到底是什么颜色的:小燕子说春雨是绿色的,麻雀说春雨是红色的,小黄莺说春雨是黄色的。它们各有各的理由。春雨听了它们的争论,下得更欢了。课文语言生动、富有诗意。根据教材特点及学生实际,在本堂课的设计、教学中,我努力尝试将阅读与写作结合起来训练,提高学生的写话能力。积累的词语句子多,写话时学生就有话可写了。在教学本课时,我是这样引导学生积累课本上的词语的:"春雨下到不同的植物上用了哪些动词?"学生就会说有"下""洒落""落",这时,我就抓住机会再提问:"你还知道哪些形容雨落下动作的词吗?"有的学生就会说有"淋""滴",这样学生就随文积累这些词语,这对以后的写作大有帮助。

在教学中,对于文章中的字词句,我们要让学生在课文语境中体会、训练、理解词语的含义,体会词语的用法,把课文当成语言交际的典范,在练说中由词成句,以便为写作服务,如学习课文时,我从三个方面来进行练说训练。首先,练说初读课文明白了什么;其次,练说对词语、句式的理解,在教学中我注意引导学生整体感悟,多读悟情,根据文中语境理解词语、句子,然后把自己的理解通过语言表达出来;再次,练说学习感悟,让学生说一说自己学习课文后的感受或对自己的启发等。这样经过三个层次的训练,不仅学生理解了课文内容,也为其写话时流畅的表达奠定了基础。

会写是语文学习的重要目标,读写结合是语文学习的一条宝贵经验。在教学中我从这些方面进行写话训练,让学生学习课文进行句式仿写。我在最后总结课文时,设计了几个问题:春天里还有哪些小动物,他们眼中的春雨是什么颜色的?同学们,你眼中的春雨是什么颜色的?为什么?让学生仿照第三自然段句式练习说话。我设计此练习的目的:一方面想打开学生的思路,另一方面想使学生从课文出发练习语言表达。先说后写,能使学生的口头语言自然地过渡到书面语言。

总之,在阅读教学中,教师要善于挖掘教材中蕴含的语文素养,适时地引导学生进行积累、练说、写作,培养学生的创造性思维,实现综合性学习的课程目标,让学生的写作能力在阅读教学中得到提高。

(八) 教学实习总结报告体例

一、前言

概述实习的时间、地点、实习方式等基本情况。

二、教育实习基本情况

从以下几个方面阐述整个学期实习的基本情况。

(一) 政治思想表现

(二) 履行师德规范情况(重点)

(三) 教学工作情况(重点)

(四) 班主任工作情况(重点)

(五) 开展教育调查与研究情况

三、教育实习效果

建议从自身师德素养和教育教学能力水平的提升、教师专业的成长以及对基础教育的认识等方面进行阐述。

四、教育实习反思

建议从后续课程的学习、实习工作的开展、学校教师教育职前培养过程中的课程设置、课堂教学、技能训练与考核等方面进行反思,并提出合理化的建议和意见。

教育实习总结报告参考案例

一、前言

时光荏苒,转眼间我的教育实习生涯已接近尾声。在这段宝贵的时间里,我有幸能够作为一名师范专业实习生,深入学校的实际教学环境中,亲身感受并体验教育工作的各个方面。通过此次实习,我不仅深化了对教育教学的理解,还锻炼了自己的教学实践能力,更在与学生、同事的交流互动中,获得了许多宝贵的经验和感悟。本次教育实习自3月4日开始,由带队教师带领40余名实习生前往实习学校,以实习教师身份参与教学实践活动,深入了解了中学教育教学的各个环节。此外,德胜学校还给每一位实习生分配了一名专业指导老师及一名班主任指导老师,我的专业指导老师负责七年级一班至七年级四班的生物学科教学工作,我的班主任指导老师是九年级2班及九年级5班的班主任。

二、教育实习基本情况

(一)政治思想表现

作为一名师范实习生,我深知政治思想对于一名教师的重要性。在实习期间,我始终秉持着坚定的政治立场和正确的思想观念,积极向党组织靠拢,努力提升自己的政治素养和思想水平。

在实习期间,我深刻认识到党的领导是我国教育事业发展的根本保证。我坚决拥护党的领导,积极学习党的路线、方针、政策,不断增强自己的政治觉悟和理论水平,自觉遵守党的纪律和规定,坚决维护党的团结和统一。在实习期间,我积极参与学校组织的各项政治活动,如党课学习、主题党日等。通过这些活动,我深入了解了党的历史、党的宗旨和党的任务,进一步坚定了自己的政治信仰和理想信念。同时,我也积极参与学校组织的志愿服务活动,为社会贡献自己的力量,用实际行动践行社会主义核心价值观。在实习期间,我始终保持谦虚、谨慎的态度,虚心向老教师学习教育教学经验和方法。我积极参加学校组织的各类培训和学习活动,不断提高自己的专业素养和教学水平。同时,我也注重自我反思和总结,及时发现和纠正自己的不足之处,努力成为一名优秀的人民教师。

我始终秉持着坚定的政治立场和正确的思想观念,努力提升自己的政治素养和思想水平。即使我仍未有幸加入中国共产党,但我将继续以一名共产党员的标准要求自己,为我国教育事业的发展贡献自己的力量。

(二)履行师德规范情况

在实习期间,我深刻认识到师德规范对于一名教师的重要性,它不仅代表着教师的职业形象,更是对学生成长和发展的指引。因此,我始终将履行师德规范作为自己的职责和使命。首先,我坚守教育公平原则。在与学生相处的过程中,我尊重每一个学生的个性差异,平等对待每一位学生,不偏袒、不歧视。我努力为每一位学生提供均等的学习机会,让他们感受到教育的温暖和关怀。其次,我注重言传身教,以身作则。我深知自己的言行举止对学生具有深远的影响,因此我时刻注意自己的言行举止,力求做到言行一致、诚实守信。我尊重他人、关爱学生,用自己的实际行动为学生树立榜样。同时,我关心学生成长,关注学生的身心健康。我积极了解学生的需求和困惑,耐心倾听他们的心声,给予他们必要的帮助和指导。我关注学生的心理健康,及时发现并解决他们的问题,让他们在学习和生活中感受到关爱和温暖。此外,我还注重与同事和家长的沟通与合作。我尊重每一位同事和家长,积极与他们交流、合作,共同促进学生的成长和发展。我虚心向同事学习,不断提升自己的教育教学能力;我积极与家长沟通,了解学生在家庭中的情况,形成教育合力。

在实习期间,我始终将履行师德规范作为自己的职责和使命。我坚守教育公平原则,注重言传身教,关心学生成长,与同事和家长积极沟通合作。我相信,在未来的教育工作中,我会继续秉承这些师德规范,为学生的成长和发展贡献自己的力量。

(三)教学工作情况

在实习期间,我在老师们的指导下,协助陈老师完成七年级1班至4班的生物教学任务。我全身心地投入到教学工作中,努力将所学的教育理论知识与教学实践相结合,力求在实习期间取得显著的进步。

整个实习期间,我累计听课23节,上课12节,其中8节为新授课,其余4节为试卷、练习等的讲评课。实习期间,我准时到教室听课,做到不打扰学生、不干扰授课老师讲课,积极做听课笔记,课后与授课老师讨论教学方法等等。其次,我认真备课,精心设计教学方案,不断改善PPT课件,注重培养学生的创新思维和实践能力。在课堂教学方面,我注重培养学生的主体性和创造性。我采用多种教学方法和手段,如小组合作、讨论交流、实践操作等,激发学生的学习兴趣和积极性。我关注学生的课堂表现,及时给予反馈和指导,帮助他们解决学习中的困难和问题。同时,我也注重培养学生的思维能力和创新精神,鼓励他们提出自己的见解和想法。同时,我积极参加学校组织的教研会活动,不断反思自己的教学方法和策略,努力提高教学效果我深入研读教材,明确教学目标。我注重将课程内容与学生实际相结合,力求使教学内容更加贴近学生的生活,激发他们的学习兴趣。同时,我也积极向指导老师请教,学习他们的教学经验和方法,不断完善自己的教学方案。在课后辅导方面,我尽职尽责地为学生答疑解惑。我利用课余时间为学生进行个别辅导,帮助他们巩固课堂所学知识,解决学习中遇到的难题。同时,我也关注学生的心理健康,及时发现并解决他们的心理困扰,为他们提供心理支持和帮助。

在实习期间,我全身心地投入到教学工作中,注重培养学生的主体性和创造性,尽职尽责地为学生答疑解惑。通过不断学习和实践,我逐渐提高了自己的教学能力和水平,为学生的成长和发展贡献了自己的力量。

(四)班主任工作情况

在实习期间,我在徐老师的指导下,协助陈老师完成九年级5班的班主任工作任务。师范实习生班主任工作情况自从我担任师范实习生并兼任班主任工作以来,我深感责任重大,同时也收获颇丰。在这段实习期间,我积极投入班主任工作,努力与学生们建立良好的师生关系,促进他们的全面发展。

首先,在班级管理方面,我注重培养学生的自律意识和集体荣誉感。我制定了详细的班级规章制度,并通过班会等形式向学生们进行宣传和教育,让他们明确知道在班级中应该遵守哪些规则。同时,我也注重培养学生的集体荣誉感,鼓励他们积极参与班级活动,为班级争光。其次,在学生关系方面,我积极与学生沟通交流,了解他们的需求和困惑。我通过个别谈话、班会讨论等方式,与学生们建立起了良好的沟通渠道。我耐心倾听他们的心声,尊重他们的个性差异,努力为他们提供一个宽松、和谐的学习和生活环境。同时,我也注重培养学生的团队合作精神,鼓励他们互相帮助、共同进步。在心理辅导方面,我关注学生的心理健康,及时发现并解决他们的心理困扰。我利用课余时间与学生进行心理交流,了解他们的心理状况,为他们提供心理支持和帮助。对于存在心理问题的学生,我积极与学校心理咨询师联系,协助他们进行心理疏导和治疗。在家校联系方面,我积极与家长保持沟通联系,了解学生在家庭中的情况。我通过电话、微信等方式与家长保持联系,及时向家长反馈学生的在校表现和学习情况。同时,我也认真听取家长的意见和建议,与家长共同商讨学生的教育问题,促进学生的全面发展。此外,我还注重班级文化建设。我组织学生参与班级文化墙的设计、班级活动的组织和实施等,培养学生的审美能力和创造力。同时,我也注重培养学生的兴趣爱好和特长,鼓励他们积极参与学校的各类活动和竞赛,展示自己的才华和风采。

在实习期间,我认真履行班主任工作职责,注重培养学生的自律意识和集体荣誉感,积极与学生沟通交流,关注学生的心理健康,与家长保持联系沟通,并注重班级文化建设。通过不断努力和实践,我逐渐提高了自己的班主任工作能力,为学生的成长和发展贡献了自己的力量。

(五)开展基础教育调查与研究

作为一名师范实习生,我深知教育调查与研究对于提升教育质量、优化教学方法具有重要意义。因此,在实习期间,我积极参与并开展了一项关于基础教育现状的调查与研究工作。通过调查,我发现了基础教育中存在的一些问题:

1. 学生学习压力较大,部分学生存在学习焦虑现象。这可能与当前的应试教育体制有关,学生需要面对繁重的课业负担和激烈的竞争压力。

2. 教学方法单一,缺乏创新。部分教师仍采用传统的讲授式教学方式,忽视了学生的主体性和创造性。

3. 学校管理模式有待完善。部分学校在课程安排、教师评价等方面存在不合理之处,影响了教学质量和教师的积极性。

针对以上问题,我提出以下建议:

1. 减轻学生学习压力,注重学生的身心健康。学校应合理安排课业负担,加强心理健康教育,帮助学生树立正确的学习观念。

2. 创新教学方法,激发学生兴趣。教师应积极探索多样化的教学方式,注重学生的参与和体验,培养学生的创新能力和实践能力。

3. 完善学校管理模式,提高管理水平。学校应建立科学合理的课程安排和教师评价机制,激发教师的积极性和创造力,提高教学质量。

基础教育调查与研究让我更加深入地了解了基础教育的实际情况和存在的问题。通过调查与研究,我不仅提高了自己的研究能力和实践能力,也为提高基础教育质量贡献了自己的力量。今后,我将继续关注基础教

续 表

育的发展动态,积极参与教育调查与研究工作,为推动教育事业的发展贡献自己的智慧和力量。

三、教育实习表现

在实习期间,我始终保持着对教育事业的热爱和执着追求。我认真对待每一次教学任务,从备课到授课,从作业批改到学生辅导,我都全力以赴,尽职尽责。我始终坚信,只有用心去做,才能取得好的教育效果。我通过大学期间的学习和实践,积累了扎实的专业素养。在实习期间,我灵活运用所学的教育理论知识,结合实习学校的实际情况,设计了多样化的教学方法。我注重激发学生的学习兴趣和积极性,通过小组合作、讨论交流、实践操作等方式,让学生在轻松愉快的氛围中掌握知识,提高能力。我深知每一个学生都是独一无二的个体,我尊重他们的个性差异,关注他们的心理需求。在实习期间,我积极与学生沟通交流,了解他们的兴趣爱好和特长,鼓励他们展示自己的才华。同时,我也注重培养学生的自律意识和集体荣誉感,让他们在班级中相互帮助、共同进步。

教育实习是一个不断学习和提升的过程。在实习期间,我不断反思自己的教学实践,总结经验教训,寻找改进的方法。我虚心向指导老师请教,与同事们交流心得,不断提高自己的教育教学能力。同时,我也关注教育改革和发展的动态,及时更新自己的教育理念和方法。在实习期间,我展现出了积极向上的态度和扎实的专业素养。我认真投入教育教学工作,关爱学生,注重个性发展;我反思总结自己的教学实践,不断提升自己的教育教学能力;我积极与家长合作,共同育人。通过这段实习经历,我更加坚定了自己从事教育事业的决心和信心。

四、教育实习反思

在经历了一段时间的师范教育实习后,我深感自己在教育实践中取得了许多宝贵的经验,同时也意识到自己在许多方面还有待提高。以下是我对教育实习的深刻反思:

1. 教育理论与实践的结合:在实习过程中,我深刻体会到了教育理论与实践之间的差距。虽然我在大学期间学习了丰富的教育理论,但在实际教学中,我发现很多理论并不能直接套用于实践。这要求我在今后的学习和工作中,更加注重理论与实践的结合,不断将所学的理论知识转化为实践中的有效行动。

2. 教学方法与策略的运用:在实习期间,我尝试运用了多种教学方法和策略,如讲授法、讨论法、案例分析法等。然而,我发现不同的教学方法和策略在不同的教学场景和对象下,效果差异很大。因此,我需要更加深入地研究各种教学方法和策略的特点和适用范围,以便在今后的教学中更加灵活地运用。

3. 学生个体差异的关注:在实习中,我逐渐认识到每一个学生都是独一无二的个体,他们有着不同的兴趣、爱好、学习习惯和个性特点。然而,我在教学过程中往往过于注重整体的教学效果,而忽略了学生的个体差异。因此,我需要更加关注每一个学生,了解他们的需求和困惑,为他们提供更加个性化的教学服务。

4. 师生互动与沟通的重要性:良好的师生互动和沟通是教学成功的关键。在实习期间,我意识到自己在与学生沟通时,有时会因为语言表达不当或缺乏耐心而引发学生的不满或误解。因此,我需要更加注重提高自己的语言表达能力和沟通技巧,以建立更加和谐融洽的师生关系。

5. 反思与总结的必要性:教育实习是一个不断学习和提升的过程。在实习期间,我深刻体会到了反思与总结的重要性。通过反思自己的教学实践,我可以发现自己在教学中存在的问题和不足,从而找到改进的方法。同时,通过总结自己的经验和教训,我可以为今后的教学工作提供有益的借鉴和参考。

6. 持续学习与发展的决心:教育是一个不断发展的领域,新的教育理念、教学方法和技术不断涌现。作为一名教师,我需要保持持续学习和发展的决心,不断更新自己的知识和能力,以适应时代的发展和学生的需求。

总之,通过这次教育实习,我深刻认识到了自己在教育实践中的不足和需要改进的地方。我将以这次实习为契机,继续努力提高自己的专业素养和教学能力,为今后的教育工作打下坚实的基础。

后　　记

　　教育实习,乃职前教师培养之基石,其重要性不言而喻。为规范实习课程,提升教学质量,我们团队深耕此域,先后获批两项江西省教育教学改革研究课题:2021年,"师范专业认证制度下混合编队式教育实习网络支持平台建设与应用研究"(课题批准号:JXJG-21-16-16)立项并于2023年顺利结题;2022年,"地方高师应用型深度转型背景下师范专业教育实习指导手册开发与应用研究"(课题批准号:JXJG-22-16-10)立项并于2024年完成。两项课题之成果,幸得专家肯定与鼓励,催生了我们编写《教育实习指导书与实习手册》的构想,本书的撰写亦由此步入正轨。

　　虽积数年教学实践之基,然成书之路,其艰辛远超预想。幸得团队同人戮力同心,克难攻坚,终使书稿得以付梓。

　　本书亦是江西省高校人文社会科学研究项目"新时代教育家精神融入高质量县域乡村教师职前培养的实践路径研究"(课题批准号:SZZX24033)的阶段性成果,并承蒙上饶师范学院教学质量改革项目资助,在此一并致以诚挚谢意。

　　本书的问世,离不开各方鼎力支持。首先要感谢学校教务处及二级学院领导的远见卓识与悉心督促,他们为本书的撰写提供了坚实的保障。亦要感谢家人的默默奉献与无私支持,是他们的理解与分担,让我得以从繁杂的日常工作中抽身,潜心于此。

　　在成书过程中,姚亮同志于撰写、校对之事,殚精竭虑,贡献卓著;贾凌昌、郑劼二位同人于组稿统筹,不辞辛劳,倾注了大量心血。在此,特向他们致以最诚挚的谢意。

　　谨以此书,献给所有在教师教育道路上孜孜以求、探索教学学术的同道中人。

　　学海无涯,笔耕有涯。书中疏漏之处,在所难免,恳请各位专家、同人不吝赐教,批评指正。

编者

2025年8月

郑重声明

高等教育出版社依法对本书享有专有出版权。任何未经许可的复制、销售行为均违反《中华人民共和国著作权法》，其行为人将承担相应的民事责任和行政责任；构成犯罪的，将被依法追究刑事责任。为了维护市场秩序，保护读者的合法权益，避免读者误用盗版书造成不良后果，我社将配合行政执法部门和司法机关对违法犯罪的单位和个人进行严厉打击。社会各界人士如发现上述侵权行为，希望及时举报，我社将奖励举报有功人员。

反盗版举报电话　（010）58581999　58582371
反盗版举报邮箱　dd@hep.com.cn
通信地址　北京市西城区德外大街4号　高等教育出版社知识产权与法律事务部
邮政编码　100120

教育实习教案

(20   届)

实 习 生 学 院：_____

实 习 生 专 业：_____

实 习 生 班 级：_____

实 习 生 姓 名：_____ 学 号：_____

实 习 学 校：_____

实 习 学 科：_____

实 习 班 级：_____

高校带队指导教师：_____

实习学校指导教师：_____

实 习 时 间：___月___日至___月___日

教 务 处 制

教学内容（章节）	

课程类型		课时安排		班级	

教学目标：

教学重点、难点：

教具：

教学方法：

教学过程（如不够请附页）：

教育实习教案

（20   届）

实 习 生 学 院：_____

实 习 生 专 业：_____

实 习 生 班 级：_____

实 习 生 姓 名：_____ 学 号：_____

实 习 学 校：_____

实 习 学 科：_____

实 习 班 级：_____

高校带队指导教师：_____

实习学校指导教师：_____

实 习 时 间：___月___日至___月___日

教 务 处 制

教学内容（章节）	
课程类型		课时安排		班级	

教学目标：

教学重点、难点：

教具：

教学方法：

教学过程（如不够请附页）：

教育实习教案

（20   届）

实 习 生 学 院：_____

实 习 生 专 业：_____

实 习 生 班 级：_____

实 习 生 姓 名：_____学 号：_____

实 习 学 校：_____

实 习 学 科：_____

实 习 班 级：_____

高校带队指导教师：_____

实习学校指导教师：_____

实 习 时 间：___月___日至___月___日

教 务 处 制

教学内容（章节）	
课程类型		课时安排		班级	

教学目标：

教学重点、难点：

教具：

教学方法：

教学过程（如不够请附页）：

教育实习教案

（20   届）

实 习 生 学 院：_____

实 习 生 专 业：_____

实 习 生 班 级：_____

实 习 生 姓 名：_____ 学 号：_____

实 习 学 校：_____

实 习 学 科：_____

实 习 班 级：_____

高校带队指导教师：_____

实习学校指导教师：_____

实 习 时 间：___月___日至___月___日

教 务 处 制

教学内容（章节）	
课程类型		课时安排		班级	

教学目标：

教学重点、难点：

教具：

教学方法：

教学过程（如不够请附页）：

教育实习教案

(20   届)

实 习 生 学 院：_____

实 习 生 专 业：_____

实 习 生 班 级：_____

实 习 生 姓 名：_____ 学 号：_____

实 习 学 校：_____

实 习 学 科：_____

实 习 班 级：_____

高校带队指导教师：_____

实习学校指导教师：_____

实 习 时 间：___月___日至___月___日

教 务 处 制

教学内容（章节）	
课程类型		课时安排		班级	

教学目标：

教学重点、难点：

教具：

教学方法：

教学过程（如不够请附页）：

教育实习教案

（20　　届）

实 习 生 学 院：＿＿＿＿＿＿＿＿＿＿＿＿

实 习 生 专 业：＿＿＿＿＿＿＿＿＿＿＿＿

实 习 生 班 级：＿＿＿＿＿＿＿＿＿＿＿＿

实 习 生 姓 名：＿＿＿＿＿＿学 号：＿＿＿＿

实 习 学 校：＿＿＿＿＿＿＿＿＿＿＿＿

实 习 学 科：＿＿＿＿＿＿＿＿＿＿＿＿

实 习 班 级：＿＿＿＿＿＿＿＿＿＿＿＿

高校带队指导教师：＿＿＿＿＿＿＿＿＿＿＿＿

实习学校指导教师：＿＿＿＿＿＿＿＿＿＿＿＿

实 习 时 间：＿＿月＿＿日至＿＿月＿＿日

教 务 处 制

教学内容（章节）	
课程类型	课时安排	班级

教学目标：

教学重点、难点：

教具：

教学方法：

教学过程（如不够请附页）：

教育实习教案

(20   届)

实 习 生 学 院：_____

实 习 生 专 业：_____

实 习 生 班 级：_____

实 习 生 姓 名：_____ 学号：_____

实 习 学 校：_____

实 习 学 科：_____

实 习 班 级：_____

高校带队指导教师：_____

实习学校指导教师：_____

实 习 时 间：___月___日至___月___日

教 务 处 制

教学内容（章节）	

课程类型		课时安排		班级	

教学目标：

教学重点、难点：

教具：

教学方法：

教学过程(如不够请附页)：

教育实习教案

(20   届)

实 习 生 学 院：_____

实 习 生 专 业：_____

实 习 生 班 级：_____

实 习 生 姓 名：_____ 学　号：_____

实 习 学 校：_____

实 习 学 科：_____

实 习 班 级：_____

高校带队指导教师：_____

实习学校指导教师：_____

实 习 时 间：___月___日至___月___日

教 务 处 制

教学内容（章节）	
课程类型	课时安排　　　　　　班级

教学目标：

教学重点、难点：

教具：

教学方法：

教学过程（如不够请附页）：

教育实习教案

（20   届）

实 习 生 学 院：_____

实 习 生 专 业：_____

实 习 生 班 级：_____

实 习 生 姓 名：_____ 学 号：_____

实 习 学 校：_____

实 习 学 科：_____

实 习 班 级：_____

高校带队指导教师：_____

实习学校指导教师：_____

实 习 时 间：___月___日至___月___日

教 务 处 制

教学内容 （章节）	
课程类型		课时安排		班级	

教学目标：

教学重点、难点：

教具：

教学方法：

教学过程（如不够请附页）：

教育实习教案

（20　　届）

实 习 生 学 院：＿＿＿＿＿＿＿＿＿＿＿＿＿＿

实 习 生 专 业：＿＿＿＿＿＿＿＿＿＿＿＿＿＿

实 习 生 班 级：＿＿＿＿＿＿＿＿＿＿＿＿＿＿

实 习 生 姓 名：＿＿＿＿＿＿学 号：＿＿＿＿

实 习 学 校：＿＿＿＿＿＿＿＿＿＿＿＿＿＿

实 习 学 科：＿＿＿＿＿＿＿＿＿＿＿＿＿＿

实 习 班 级：＿＿＿＿＿＿＿＿＿＿＿＿＿＿

高校带队指导教师：＿＿＿＿＿＿＿＿＿＿＿＿＿＿

实习学校指导教师：＿＿＿＿＿＿＿＿＿＿＿＿＿＿

实 习 时 间：＿＿月＿＿日至＿＿月＿＿日

教 务 处 制

教学内容（章节）	

课程类型		课时安排		班级	

教学目标：

教学重点、难点：

教具：

教学方法：

教学过程（如不够请附页）：

教育实习成绩评定表

（20   届）

实 习 生 学 院：＿＿＿＿＿＿＿＿＿＿＿＿＿

实 习 生 专 业：＿＿＿＿＿＿＿＿＿＿＿＿＿

实 习 生 班 级：＿＿＿＿＿＿＿＿＿＿＿＿＿

实 习 生 姓 名：＿＿＿＿＿学 号：＿＿＿＿

实 习 学 校：＿＿＿＿＿＿＿＿＿＿＿＿＿

实 习 学 科：＿＿＿＿＿＿＿＿＿＿＿＿＿

实 习 班 级：＿＿＿＿＿＿＿＿＿＿＿＿＿

高校带队指导教师：＿＿＿＿＿＿＿＿＿＿＿＿＿

实习学校指导教师：＿＿＿＿＿＿＿＿＿＿＿＿＿

实 习 时 间：＿＿月＿＿日至＿＿月＿＿日

教 务 处 制

教育实习评价标准

评价内容（分值）	评价标准	额定分数/分	实习小组（10%）	基地指导教师（50%）	高校指导教师（40%）	小计
师德体验（20分）	1. 能在实践中有意识践行社会主义核心价值观，理解"立德树人"的重要性，树立担当好"立德树人"职责的意识；	4				
	2. 观察与了解中小学教师职业行为中的职业道德规范要求，具有遵守职业道德规范、依法执教的意识；	4				
	3. 认识教师工作的专业性、复杂性与重要性，形成从教意愿；	4				
	4. 尊重学生人格，富有爱心、责任心、事业心；	4				
	5. 遵守大学与实践学校的规章制度。	4				
课堂教学（40分）	1. 学会课堂观察的基本方法，能对指导教师的授课进行分析；	5				
	2. 能依据学生认知发展特点与任教学科的课程标准，进行学情分析与教材分析，确定明确合理的教学目标，设计较为合理的教学环节，独立完成教学设计，并能进行说课；	10				
	3. 有序地组织课堂教学，有效地开展学习活动，能完成课堂教学，并完成应用实践规定的授课节数，尝试开展"创造的课堂"教学实践；	15				
	4. 能恰当使用信息技术，提升教学的直观性，优化教与学的方式；	5				
	5. 能运用多种评价方式对学生的学习情况进行评价。	5				
班级管理实践（20分）	1. 能与班级学生进行交流沟通，建立交流顺畅的师生关系，并学会运用教育策略帮助学生建立良好的同伴关系；	5				
	2. 能独立组织班级日常活动，形成管理班级体验；	5				
	3. 能依据学生的特点，独立设计与组织开展德育与心理健康教育活动，掌握学生指导、综合素质评价、与家长及社区沟通合作等班级常规工作要点；	5				
	4. 能自主设计并完成1次主题班会活动。	5				
学校管理实践（10分）	1. 了解学校相关管理部门主要职能与责任；	5				
	2. 能独立完成所在实践部门分配的工作。	5				
教研实践（10分）	1. 积极准备与参与实践学校组织的教研活动，并积极发表自己的观点；	5				
	2. 针对中小学教育教学中需要解决的热点及难点问题进行教育调查，并完成教育调查报告。	5				
总分						

教育实习成绩评定表

(20   届)

实 习 生 学 院：_____
实 习 生 专 业：_____
实 习 生 班 级：_____
实 习 生 姓 名：_____ 学 号：_____
实 习 学 校：_____
实 习 学 科：_____
实 习 班 级：_____
高校带队指导教师：_____
实习学校指导教师：_____
实 习 时 间：___月___日至___月___日

教 务 处 制

教育实习评价标准

评价内容（分值）	评价标准	额定分数/分	实习小组（10%）	基地指导教师（50%）	高校指导教师（40%）	小计
师德体验（20分）	1. 能在实践中有意识践行社会主义核心价值观，理解"立德树人"的重要性，树立担当好"立德树人"职责的意识；	4				
	2. 观察与了解中小学教师职业行为中的职业道德规范要求，具有遵守职业道德规范、依法执教的意识；	4				
	3. 认识教师工作的专业性、复杂性与重要性，形成从教意愿；	4				
	4. 尊重学生人格，富有爱心、责任心、事业心；	4				
	5. 遵守大学与实践学校的规章制度。	4				
课堂教学（40分）	1. 学会课堂观察的基本方法，能对指导教师的授课进行分析；	5				
	2. 能依据学生认知发展特点与任教学科的课程标准，进行学情分析与教材分析，确定明确合理的教学目标，设计较为合理的教学环节，独立完成教学设计，并能进行说课；	10				
	3. 有序地组织课堂教学，有效地开展学习活动，能完成课堂教学，并完成应用实践规定的授课节数，尝试开展"创造的课堂"教学实践；	15				
	4. 能恰当使用信息技术，提升教学的直观性，优化教与学的方式；	5				
	5. 能运用多种评价方式对学生的学习情况进行评价。	5				
班级管理实践（20分）	1. 能与班级学生进行交流沟通，建立交流顺畅的师生关系，并学会运用教育策略帮助学生建立良好的同伴关系；	5				
	2. 能独立组织班级日常活动，形成管理班级体验；	5				
	3. 能依据学生的特点，独立设计与组织开展德育与心理健康教育活动，掌握学生指导、综合素质评价、与家长及社区沟通合作等班级常规工作要点；	5				
	4. 能自主设计并完成1次主题班会活动。	5				
学校管理实践（10分）	1. 了解学校相关管理部门主要职能与责任；	5				
	2. 能独立完成所在实践部门分配的工作。	5				
教研实践（10分）	1. 积极准备与参与实践学校组织的教研活动，并积极发表自己的观点；	5				
	2. 针对中小学教育教学中需要解决的热点及难点问题进行教育调查，并完成教育调查报告。	5				
总分						

教育实习安全承诺书

为确保教育实习工作顺利进行,本人作出如下承诺:
1. 严格遵守国家法律法规和实习学校及就读高校的有关规章制度。
2. 服从实习学校管理,不私自离校、夜不归宿。
3. 遵守交通法规,注意出行交通安全,不乘坐无牌、无证、超载的车辆。
4. 注意饮食安全、用电安全、财产安全,提高安全防范意识。
5. 不到山塘水库、江河湖泊游泳。
6. 不接收当地居民的礼品和馈赠。
7. 尊重当地风俗习惯,举止文明,不与居民发生冲突。
8. 保护学生安全,不带学生到户外做危险动作。

本承诺书一式三份,一份本人留存,一份二级学院留存,一份实习学校留存。有效期自签字之日起至教育实习结束。

承诺人:(签名、手印)   见证人:(实习学校盖章)
   年   月   日   年   月   日

                                                                                   见证人:(二级学院盖章)
                                                                                          年   月   日

教育实习安全承诺书

为确保教育实习工作顺利进行,本人作出如下承诺:
1. 严格遵守国家法律法规和实习学校及就读高校的有关规章制度。
2. 服从实习学校管理,不私自离校、夜不归宿。
3. 遵守交通法规,注意出行交通安全,不乘坐无牌、无证、超载的车辆。
4. 注意饮食安全、用电安全、财产安全,提高安全防范意识。
5. 不到山塘水库、江河湖泊游泳。
6. 不接收当地居民的礼品和馈赠。
7. 尊重当地风俗习惯,举止文明,不与居民发生冲突。
8. 保护学生安全,不带学生到户外做危险动作。

本承诺书一式三份,一份本人留存,一份二级学院留存,一份实习学校留存。有效期自签字之日起至教育实习结束。

承诺人:(签名、手印)　　　　　　　　　　　　　见证人:(实习学校盖章)
　　年　　月　　日　　　　　　　　　　　　　　　　年　　月　　日

　　　　　　　　　　　　　　　　　　　　　　　见证人:(二级学院盖章)
　　　　　　　　　　　　　　　　　　　　　　　　　年　　月　　日

教育实习安全承诺书

为确保教育实习工作顺利进行,本人作出如下承诺:
1. 严格遵守国家法律法规和实习学校及就读高校的有关规章制度。
2. 服从实习学校管理,不私自离校、夜不归宿。
3. 遵守交通法规,注意出行交通安全,不乘坐无牌、无证、超载的车辆。
4. 注意饮食安全、用电安全、财产安全,提高安全防范意识。
5. 不到山塘水库、江河湖泊游泳。
6. 不接收当地居民的礼品和馈赠。
7. 尊重当地风俗习惯,举止文明,不与居民发生冲突。
8. 保护学生安全,不带学生到户外做危险动作。

本承诺书一式三份,一份本人留存,一份二级学院留存,一份实习学校留存。有效期自签字之日起至教育实习结束。

承诺人:(签名、手印)　　　　　　　　　　　　　见证人:(实习学校盖章)
　年　　月　　日　　　　　　　　　　　　　　　　　年　　月　　日

　　　　　　　　　　　　　　　　　　　　　　　　见证人:(二级学院盖章)
　　　　　　　　　　　　　　　　　　　　　　　　　年　　月　　日

续 表

姓　名		性　别		学　院	
实习起止时间		专　业		年　级	
实习学校		高校指导教师		实习学校指导教师	

实习小组评议意见：

组长签字：
　　　年　月　日

实习学校指导教师评语：

实习学校指导教师签字：　　　　　　　　（实习学校盖章）
　　　　　　　　　　　　年　月　日

续　表

高校指导教师评语：		
          高校指导教师签字： 年　月　日		
学院指导小组 评定成绩	等　级	教务处盖章
	组长签字：　　学院（部）盖章 年　月　日	

说明：教育实习成绩的评定必须严格按照评定标准，根据实习生在实习期间的表现及完成实习任务的质量，全面综合后按优秀、良好、中等、及格、不及格五级记分制予以考核和评定。教育实习成绩从师德体验实习、课堂教学、班级管理实践、学校管理实践、教研实践五方面进行评定。其中师德体验实习实施高校指导教师和实习学校指导教师一票否决制度，师德体验不合格的教育实习成绩认定为不及格。

具体标准为：90—100，优秀；80—89，良好；70—79，中等；60—69，及格；59分以下，不及格。

本表一式两份，盖章后，学院教务办、学生档案材料袋各存一份。

续 表

姓　名		性　别		学　院	
实习起止时间		专　业		年　级	
实习学校		高校指导教师		实习学校 指导教师	

实习小组评议意见：

组长签字：
　　年　月　日

实习学校指导教师评语：

实习学校指导教师签字：　　　　　（实习学校盖章）
　　　　　　　　　　　年　月　日

续 表

高校指导教师评语：		
	高校指导教师签字： 年　月　日	
学院指导小组 评定成绩	等　级	教务处盖章
	组长签字：　　学院(部)盖章 　　　　　年　月　日	

说明：教育实习成绩的评定必须严格按照评定标准，根据实习生在实习期间的表现及完成实习任务的质量，全面综合后按优秀、良好、中等、及格、不及格五级记分制予以考核和评定。教育实习成绩从师德体验实习、课堂教学、班级管理实践、学校管理实践、教研实践五方面进行评定。其中师德体验实习实施高校指导教师和实习学校指导教师一票否决制度，师德体验不合格的教育实习成绩认定为不及格。

具体标准为：90—100，优秀；80—89，良好；70—79，中等；60—69，及格；59分以下，不及格。

本表一式两份，盖章后，学院教务办、学生档案材料袋各存一份。

续 表

板书设计：

| 课后评议 | 自我反思： |

续 表

	实习同学评议: 评议同学签名: 年 月 日
	实习学校指导教师意见: 教师签名: 年 月 日
	高校带队指导教师意见: 教师签名: 年 月 日

注：学校给实习生同时发放 10 张单张教案表供实习生撰写日常上课教案。

续 表

板书设计：

| 课后评议 | 自我反思： |

续 表

	实习同学评议： 　　　　　　　　　　　　　　　　　评议同学签名： 　　　　　　　　　　　　　　　　　　　年　月　日
	实习学校指导教师意见： 　　　　　　　　　　　　　　　　　教师签名： 　　　　　　　　　　　　　　　　　　　年　月　日
	高校带队指导教师意见： 　　　　　　　　　　　　　　　　　教师签名： 　　　　　　　　　　　　　　　　　　　年　月　日

注：学校给实习生同时发放 10 张单张教案表供实习生撰写日常上课教案。

续表

板书设计：

| 课后评议 | 自我反思： |

续表

实习同学评议：   评议同学签名： 年　月　日
实习学校指导教师意见：   教师签名： 年　月　日
高校带队指导教师意见：   教师签名： 年　月　日

注：学校给实习生同时发放10张单张教案表供实习生撰写日常上课教案。

续 表

板书设计：

| 课后评议 | 自我反思： |

续 表

	实习同学评议： 评议同学签名： 年　月　日
	实习学校指导教师意见： 教师签名： 年　月　日
	高校带队指导教师意见： 教师签名： 年　月　日

注：学校给实习生同时发放10张单张教案表供实习生撰写日常上课教案。

续 表

板书设计：

| 课后评议 | 自我反思： |

续 表

	实习同学评议： 评议同学签名： 年　月　日
	实习学校指导教师意见： 教师签名： 年　月　日
	高校带队指导教师意见： 教师签名： 年　月　日

注：学校给实习生同时发放 10 张单张教案表供实习生撰写日常上课教案。

续 表

板书设计：

课后评议	自我反思：

续表

实习同学评议：

评议同学签名：
年　月　日

实习学校指导教师意见：

教师签名：
年　月　日

高校带队指导教师意见：

教师签名：
年　月　日

注：学校给实习生同时发放10张单张教案表供实习生撰写日常上课教案。

续 表

板书设计：	
课后评议	自我反思：

续 表

	实习同学评议： 评议同学签名： 年　月　日
	实习学校指导教师意见： 教师签名： 年　月　日
	高校带队指导教师意见： 教师签名： 年　月　日

注：学校给实习生同时发放 10 张单张教案表供实习生撰写日常上课教案。

续 表

板书设计：

| 课后评议 | 自我反思： |

续 表

实习同学评议：   评议同学签名： 年　月　日
实习学校指导教师意见：   教师签名： 年　月　日
高校带队指导教师意见：   教师签名： 年　月　日

注：学校给实习生同时发放 10 张单张教案表供实习生撰写日常上课教案。

续表

板书设计：

| 课后评议 | 自我反思： |

续 表

	实习同学评议： 评议同学签名： 年　月　日
	实习学校指导教师意见： 教师签名： 年　月　日
	高校带队指导教师意见： 教师签名： 年　月　日

注：学校给实习生同时发放 10 张单张教案表供实习生撰写日常上课教案。

续 表

板书设计：

| 课后评议 | 自我反思： |

续 表

	实习同学评议： 评议同学签名： 年　月　日
	实习学校指导教师意见： 教师签名： 年　月　日
	高校带队指导教师意见： 教师签名： 年　月　日

注：学校给实习生同时发放 10 张单张教案表供实习生撰写日常上课教案。

教育实习手册

(20　　届)

实 习 生 学 院：_____

实 习 生 专 业：_____

实 习 生 班 级：_____

实 习 生 姓 名：_____ 学 号：_____

实 习 学 校：_____

实 习 学 科：_____

实 习 班 级：_____

高校带队指导教师：_____

实习学校指导教师：_____

实 习 时 间：____月____日至____月____日

目　　录

专题一　教育实习职责与要求 …………………………………… 1
　　一、致"准教师"同学们的一封信 / 1
　　二、上饶师范学院教育实习实习生须知 / 7
　　三、上饶师范学院教育实习工作管理办法 / 8
　　四、上饶师范学院校外实践教学安全管理办法 / 14

专题二　教育实习内容与任务 …………………………………… 16
　　一、上饶师范学院师德体验实习（基本要求）/ 16
　　二、上饶师范学院教学工作实习（基本要求）/ 21
　　三、上饶师范学院班主任工作实习（基本要求）/ 59
　　四、上饶师范学院基础教育调查与研究（基本要求）/ 80
　　五、上饶师范学院综合工作实习（基本要求）/ 92

专题三　教育实习总结与评价 …………………………………… 100
　　一、教育实习总结报告的体例与要求 / 100
　　二、上饶师范学院教育实习成绩评定条例 / 101
　　三、上饶师范学院教育实习优秀实习生和优秀实习指导教师评选条例 / 103

　　附录一　新时代中小学教师职业行为十项准则 / 105
　　附录二　中小学教师职业道德规范 / 106
　　附录三　中小学生守则 / 107
　　附录四　中学生日常行为规范 / 108

专题一 教育实习职责与要求

一、致"准教师"同学们的一封信

亲爱的实习生同学们：

你们好！

经过几年的学习修炼，你们即将奔赴一线实习学校，体验"立德树人""为人师表"的生活了！"立志成为一名光荣的人民教师，让更多孩子更健康、更快乐地成长"——你们也许从童年起就怀揣的这种教育情怀、理想与担当，其实现指日可待。真替你们兴奋、开心！

为使你们的教育理想和追求得以更好地实现，这些年来学校进行了系列师范教育改革探索，提出了"教师教育强特色"的目标，明确了师范生培养的目标定位——"骨干中小学教师"。

何谓骨干中小学教师？这样的教师应善于教学、育人和研究，乐于助人，善于合作，在学科教学、学生培养、学科研究等方面具有一定造诣，起着一定示范和引领作用。

骨干教师陪伴学生的成长而有所成就。为促进学生高效成长，教师需具有坚定的教育理想和信念，怀有对教育事业的热爱，具备驾驭学校教育工作的知识和能力，拥有直面教育教学挑战的勇气和决心。换言之，教育理想、教育信念、教育情感、教育知能和教育意志等是一名新手教师能否成长为骨干教师的重要因素。

教育理想的影响主要表现为"是否想"，如是否想干好教育工作、是否想追求优质教育、是否想担当更重的发展责任等。一名教师只有怀着不甘平庸、不断超越自我的理想，才会有促进学生成长成才的行动倾向。

教育信念的影响主要表现为"是否信"，如是否相信教育能促进人的成长、是否相信教师能促进学生的发展、是否相信学生能转变发展等。一名教师只有深信教育具有促进人成长的功能，深信自己能促进学生的发展，深信学生具有发展的潜能，才会有促进学生成长成才的行动意愿。

教育情感的影响主要表现为"是否爱"，如是否热爱教育、是否热爱学生、是否热爱自己的工作等。一名教师只有对自身工作和教学对象倾注了热爱，才会有促进学生成长的行动力量，才会积极、主动、富有创造性地教书育人。

教育知能的影响主要表现为"是否能"，如是否能把教育信息技术与课堂教学深度融合、是否能把课程讲授好、是否能把学生引导好、是否能与家长沟通好、是否能与同事合作好、是否能把日常事情诠释好、是否能反思好教育活动、是否能诊断好教育现象等。一名教师只有具备了教书育人,以及与他人合作共事的知识和能力,才会有促进学生成长成才的行动保障。

教育意志的影响主要表现为"是否会",如遇上教学挑战时是否会坚持深入思考、遇到学生叛逆时是否会创新方法与继续引导等。一名教师只有在困难和挑战面前坚守,才能促进基础各异的学生的成长。

可见,教师只要具备了"想、信、爱、能、会"的特质和行为,就有可能促进基础各异的学生有效成长,实现成为优秀骨干教师的理想。

为夯实同学们未来成长为优秀骨干教师的基础,推进师范专业认证,我校在培养主体、课程设置、平台建设、培养策略、实践教学、队伍发展等方面开展了系列的改革探索,形成了"培养主体协同性、课程设置层次性、培养策略多样性、平台建设立体性、实践教学丰富性、队伍发展引育性"的"六性"培养特色。

系列改革举措的实施更加有效地促进了同学们的成长,我校师范生曾在省教师教学技能竞赛、相关学科全国教育学会组织的技能竞赛,乃至全国师范院校师范生教学技能竞赛中均取得了突出的成绩。我校师范生的实习表现也得到了实习学校领导和指导教师的高度评价,他们认为同学们"工作责任心强""知识基础扎实""一心扑在教学上""能创造性地使用多种教学方法""能以数字化手段辅助教学,把原本个别沉闷的课堂变成掌声不断、高潮迭起的十分活跃的课堂""勤于与学生谈心、关心学生的学习和生活;作业批改得非常认真,评语中渗透着人文关怀,让在职的老师啧啧称赞""整体素质较高,无论是工作态度,还是工作的投入程度,都让在职教师非常满意"等。他们在不同场合的出色表现既进一步彰显了我校职前教师培养的优势,提升了学校的影响力,又为你们的发展树立了榜样、鼓舞了信心。

"分段式、层次性四年一体"教育实践模式已伴随你们度过了两年半。两年半以来,你们通过大一的访谈获得了关于优秀教师和普通教师的认知和"感悟";通过大二的见习而达成了对课堂教学、班级管理技巧的"领会";通过大三的演练如基本功大赛和微格训练而达成了对教育教学基本技能的"掌握"。不同阶段、不同目标、不同形式的教育实践逐步把你们锻造成一名合格的"准教师"。

为最大限度满足同学们个性化的实习需求,学校为你们提供了多元的实习选择。如今年的实习,从实习类型分,有学校组织的多专业"混编实习"、学院组织的单一专业的"统编实习"和与地方教育局合作的"专项实习"模式;从项目运行分,有省教育厅项目、学校项目、学院项目;从指导方式分,有现场指导与线上远程指导。

无论参加哪种形式的实习,同学们都应该在服务实习学校的同时,实现自己的有效成长,并在成长中获得更多的赞誉和更强的竞争力。为此,希望实习生同学们做到如下几点。

一、全心强化教育实习认识

你们也许认为,去中小学校进行教育实习,就是为了锻炼教学技能和班级管理能力。是的,这是教育实习中至关重要的两个目的,但这两个目的还不够。

教育实习是将大学里学到的教育教学理论应用于教育实践的过程。例如,你们是否想过,从教育心理学里学到的遗忘曲线、教育学里学到的学生最近发展区、学科教学法里学到的各种新课导入方法、现代教育技术中学到的赋能教育教学的各种信息技术,究竟如何在实际教学中灵活融合应用?对于刚刚学完相关教育理论的你们来说,教育实习便是一次很好的践行理论的机会。只有把理论应用于实践,理论才能被验证、丰富与发展;只有在实践中反思,你们才能更快成长成才。

教育实习也是真切体验各地学校文化乃至地域乡土文化的过程。每一所教育实习学校都有其自身的校园文化,例如,学校的管理制度、教与学的改革措施、各类社团的建设、楼宇的命名、各类雕塑,甚至细微到学校宣传橱窗的设计、教室内部的布置等,都体现着一种文化,都是学校办学理念的具体反映。实习不仅仅只是在三尺讲台内,更需要你们去感受一所学校的文化,甚至感受实习所在地域的乡土文化。在实习期间,你们也可思考自己想要的学校文化,这也许会对你们未来选择就业学校产生潜移默化的影响。

教育实习还是锻炼你们社会交际能力、提高社会适应能力的过程。实习期间,你们需要与实习学校的领导、老师、学生甚至家长沟通与交流,需要与实习同伴合作,需要独立处理学科教学和班级管理问题。可以说,教育实习是你们进入社会前的一次全真模拟。

教育实习更是我们服务基础教育、传播饶师精神、扩大饶师影响力的良机。要知道,你们去实习,不单是为了"索取",更是要尽心"奉献";你们不仅是学习者,也是服务者、传播者。你们虽然缺乏教学经验,但是拥有较为丰富的理论知识,在向实习学校指导教师请教的过程中应与他们分享你们的理论知识。同时你们也是朝气蓬勃的有志青年,在与实习学校学生交往的过程中应该激发他们的学习斗志,鼓励他们追求卓越。

二、用心开展教育实习工作

教育实习是同学们在真实的学校场景中扮演教师角色的过程,你们面对的是天天在成长、变化的学生。你们的每次授课、每个行为都会影响到他们的成长,因此,同学们要静下心来,用心开展相关工作,成为一名出色的"准教师"。

(一) 师德体验实习

师德体验实习一般指实习生通过观察学习身边一线教师的师德闪光点,记录师德感人事迹,体悟教师职业道德内涵,结合教育实习实际进行师德自我反思,自觉遵守教师职业道德,并学会正确处理师生关系。在师德体验实习中,实习生要独立完成至少2篇实习生师德见闻日志和2篇实习生践行师德报告。

(二) 教学工作实习

教学工作实习一般包括听评议课,教学设计,集体备课(磨课),授课,早读、晚自习、指导实验等辅导,监考、批阅作业与试卷,"双减"政策下课后服务,参与教学管理、教研活动,进行教学工作实习总结与反思等系列活动,每个活动都需要实习生做到事前准备充分、事中专心致志、事后用

心反思。为出色完成教学工作实习,务请注意以下事项:

1. 上课数量

一般要求独立授课不少于10节,其中新课不少于6节,讲评作业1~2节。如果实习学校给你们安排的独立授课数量达不到要求,应该与指导教师协商,说明我们学校关于教学工作实习授课的上述要求;同时也应反思、总结教学经验,争取在独立授课时抓住机会,做得更好。与之相反,有的实习学校则给你们安排过量的课,例如同时兼任多个班的主科课程教师,导致你们过于疲惫而影响教学锻炼的效果,甚至影响身体健康,遇到此情况,也应与实习学校协商,尽量让你们仅承担该校普通教师的常规工作量。

2. 听评议课

一般要求听评议课不少于18节。同一个实习队的同学,即便不同学科,也需要互相听课、互相评议,从不同角度探讨教学改进方法。同时,主动邀请指导教师来听课并在课下及时虚心请教,请教时不要泛泛而问,如"老师您有什么改进建议",应结合具体的内容问,如"老师,您认为我选的这道例题可以吗?您指点一下我还可以怎么拓展?"请教的问题越具体,得到的建议会越有针对性。此外,听课的学生也是你们很好的意见反馈者,课后可通过聊天的形式了解不同层次学生的上课感受,以做进一步的调整改进。

3. 教学节奏

在以往实习中,不少实习生刚上讲台时,讲课的节奏、说话的语速都偏快,用半节课的时间就把一节课的新内容全部讲完了。出现这种情况主要是因为这些实习学生只是讲课,并没有把讲课与学生的听课结合起来。因此,上课的时候,你们要随时关注学生对讲课内容的理解,要把讲授的内容与学生的领悟结合起来,做到"课中有人""因人而讲"。鉴于你们初出茅庐,集体备课(磨课)一般不少于4次,每节新课上课前应进行试讲,同时多观摩学习该校有经验的教师的教学技巧。

4. 情景控制

以往部分实习生在教学工作实习中会出现声音嘶哑的情况,影响教学效果,这主要是因为不懂科学用嗓。首先,可以上网学习一下科学发声的技巧。其次在上课时,不要持久地大声说话,更不要唱独角戏,应该通过问题情境创设让学生更多地去讨论与回答,这样既保护了嗓子,又注重了师生互动,更把学生课堂学习的积极性调动了起来,体现了"以教师为主导,以学生为主体"的教学理念。

5. 教研活动

同学们在实习期间要积极参加相关的教研活动,这些活动可能是全校性的,也可能是年级性或科组性的。有些学校会组织本校教师到校外参加相关教研活动,你们的实习指导教师可能会邀请你们一起前往参加。到校外参加教研活动时务必注意人身安全、交通安全等。

6. 社团活动

课后开展各类社团活动是中小学丰富的校园生活的体现。每位实习同学可以应用本学科知识,主动协助实习学校开展科技节、艺术节、运动会等活动,还可以开设课外兴趣小组,开设课外聊天室,以知心哥哥或知心姐姐的身份与学生聊天,帮助他们解决学习和生活上的困惑,也可以给学生们开设课外知识讲座等。需要注意的是所开展的各项综合性活动,必须经实习学校批准,不得擅自组织校外集体活动。

(三) 班主任工作实习

班主任工作实习一般包括班干部培养、班级文化建设、班级主题活动组织、班级学生个别教育(含心理辅导、谈心谈话)等内容。在班主任工作实习中,实习生要独立组织班级主题活动(包括班委会、班会、家长会、家访、运动会,至少设计2次班级主题班会方案,上好2次主题班会课),开展个别教育的学生人数不少于班级学生的一半。为履行好班主任工作,务请注意以下事项:

1. 与原班主任的工作协商

在以往的班主任工作实习中存在两种需要注意的情况。一种是原班主任不肯放手,事事亲为,只是让实习生协助做些不太重要的事项,遇到这种情况,请向原班主任主动请缨,承担一些具体的班级活动工作。另外一种则是原班主任放任实习生自行管理班级,没有予以适当的指导,这时也请主动虚心地就具体班级事务活动向原班主任请教。

2. 调动班干部的积极性

实习生们往往因为初次获得班级管理"大权"而热情较高,对各种班级事务都大包大揽,没有给予班干部施展才华的空间。要知道,管理班级的过程是不断提高学生自我管理能力、提升其主体性的过程,要达到"无为而治"。要实现这样的目标,须从班干部培养抓起,逐步、合理地给班干部分工,调动他们的积极性,让他们感觉到有事可干,并在工作中带领其他同学一起成长。打造出一支有力的班干部队伍,是班主任工作有效性的重要保障。

3. 关注学生学习习惯

作为班主任,实习生们可能着重关注班级的纪律、成绩和组织学生活动等问题,而忽视了对学生学习习惯的关注。建议以班会课或课下聊天的形式,了解不同层次学生的学习习惯,例如听课做笔记的习惯、作业的完成时间与做作业的习惯、复习的习惯等,并针对性给出改进建议,帮助所带的班级形成良好的学习习惯。这同样是实习班主任的重要任务。

(四) 基础教育调查与研究

基础教育调查与研究一般包括开展基础教育研究活动、基础教育调查活动等内容。每位实习生同学要对自己所教授的学生进行一次调查研究,独立写出一篇不少于2 000字的调查报告或研究小论文,主题可以是学科学习、同学交往、师生关系、家庭教育、课外活动等;各实习队也应以团队为单位完成一篇不少于3 000字的调查报告或研究小论文,主题可以是学校管理、校园文化建设、教师工作积极性、学生学习状态、综合实践活动等。无论是个人还是实习队的调查报告或研究小论文,应在实习结束前提交给实习学校,以便对实习学校起到一定的启发作用,调查前应征询相关老师或领导意见。

三、虚心聆听教育实习指导

　　理论与实践有机融合是提升实习有效性的重要保障。为此,学校充分发挥"互联网+"优势,构建由高校教师任坊主、中小学名师任副坊主、实习生作为成员的教育实习远程指导工作坊,对实习生实施远程指导。同学们在实习期间,既有实习学校实践导师的现场指导,又有工作坊团队的网上指导,线下线上相结合的指导能及时解决同学们的实习困难。远程指导工作坊包括五类:师德体验指导工作坊、教学工作指导工作坊、班主任工作指导工作坊、基础教研指导工作坊和综合指导工作坊。希望实习生同学们根据相关要求,积极参加教育实习远程指导工作坊的活动,反馈自己的实习困惑,接受导师的专题辅导及答疑,分享实习所思、所为、所悟。

　　实习生同学们,学校的良好声誉有助于你们的成长,你们的良好表现也有助于学校声誉的提升。今天我校的形象是一代代饶师人一步步塑造起来的,是努力践行"学高为师、身正为范"校训的结果。希望你们珍惜实习机会,积极展示自我,通过实习中的良好表现为自己日后就业、发展奠基,为师兄师姐争光,为师弟师妹添彩,为母校赢得更好声誉,为我校师范类专业通过国家二级及以上认证夯实更好的基础!

　　衷心祝愿实习生同学们实习顺利、圆满!

上饶师范学院

二、上饶师范学院教育实习实习生须知

教育实习是本科人才培养方案中独立设置的必修集中性实践环节,是我校所有师范生必修的综合实践课程,是培养师范生践行师德、学会教学、学会育人、学会发展的重要教学环节。

教育实习包括师德体验实习、教学工作实习、班主任工作实习及基础教育调查与研究。实习生在教育实习基地学校集中实习时长不少于16周。学校集中组织教育实习,保证师范生实习期间的上课时数。

教育实习期间,必须严格遵守国家法律法规、《上饶师范学院教育实习管理办法》和实习学校的各项规章制度;认真学习教育实习的有关文件和各项规定,明确教育实习的目的,端正态度,按照课程标准和实习计划的要求,认真听评议课、备课,刻苦钻研教材,深入了解学生,搞好课堂教学,课后深入辅导,认真批改作业,切实保证教学质量;认真做好班主任工作实习和基础教育调查与研究,努力克服困难,全面完成各项实习任务。

教育实习期间,服从领导、顾全大局,服从学院教育实习工作安排;虚心求教指导教师;认真对待每项实习工作和填写《教育实习手册》。对实习学校的意见和建议,要通过高校实习指导教师有礼貌地提出。

教育实习期间,不迟到、不早退、不缺勤,不搞特殊化,一般不得请假。由于特殊原因必须请假时,严格履行请假程序。凡请假时间超过实习时间四分之一者,实习成绩评定为不及格。请假未经同意,实习生不得擅自离开实习单位。凡未经批准擅自超假者,视其情况降低实习成绩等级或取消实习成绩。

教育实习期间,爱护公物,节约用电、用水,积极做好卫生清洁工作。在实习期间借用的教学仪器、办公用品、资料文件等物品应妥善保管,按期归还,如有丢失损坏,必须照价赔偿。注意安全,严防意外事故发生,不自作主张带学生外出活动。

教育实习期间,按照人民教师的标准严格要求自己,处处以身作则,为人师表,做到衣着整洁朴素,语言文明,行为端庄,作风正派,真正做到教书育人,与实习学校师生建立良好的师生关系。尊敬师长,团结同学,关心学生。同学之间团结友爱,相互协作,正确开展批评与自我批评,坚决杜绝任何不团结行为。处理好各方面的关系;积极主动参加一些力所能及的劳动;实习结束时,及时交还房间钥匙,并做好告别工作。

三、上饶师范学院教育实习工作管理办法

饶师院字〔2022〕107号

为深入贯彻落实《教育部关于加强和规范普通本科高校实习管理工作的意见》(教高函〔2019〕12号)和《教育部关于印发〈普通高等学校师范类专业认证实施办法(暂行)〉的通知》(教师〔2017〕13号)等文件精神,结合我校工作实际,特制订本办法。

第一章 总 则

第一条 教育实习是本科人才培养方案中独立设置的必修集中性实践环节,它在培养学生动手能力和创新能力,提高教育质量,引领和适应基础教育改革等方面具有特殊作用。

第二条 教育实习的目的是引导学生树立献身教育事业的志向,并对学生进行师德教育,使其初步具备人民教师应有的品德素质,以适应基础教育事业发展的需要;引导学生将所学的基本知识、基础理论和基本技能,综合运用于教育教学实践,培养他们初步独立从事基础教育工作的能力;引导学生认真学习和深入研究教育教学,在教育实践中探索教育规律,使他们初步了解基础教育学校教育教学管理的基本原则、方法和规律;检验我校办学思想及人才培养质量,及时获得反馈信息,不断改进人才培养工作,提高教育质量。

第三条 教育实习工作应以"学生中心、产出导向、持续改进"为基本理念。遵循师范生教育实习规律,以师范生为中心配置教育实习资源、组织教育实习各环节实施;坚持以师范生的实习效果为导向,对照师范毕业生核心能力素质要求,评价师范类专业教育实习质量;对师范类专业教育实习进行全方位、全过程评价,并将评价结果应用于教学改进,推动师范类专业人才培养质量的持续提升。

第四条 教育实习应涵盖师德体验、教学实践、班级管理实践和教研实践等内容,以前期教育见习为基础,认真落实教育实习,积极带动教育研习,有效实现"三习贯通"。教育实践时长累计不少于一学期。学校集中组织教育实习,保证师范生实习期间的上课时数。

第二章 组织与领导

第五条 学校成立教育实习工作领导小组,分管教学工作的校领导任组长,教务处处长任副组长,成员包括教务处、学生工作处、计划财务处的相关领导,二级学院分管教学领导,领导小组负责总体部署教育实习工作。

第六条 二级学院负责本学院教育实习的组织工作,包括:推荐指导教师、召开实习动员会、实习生安排、参加实习走访、总结交流经验等。

第三章 实 习 内 容

第七条 教育实习包括师德体验实习、教学工作实习、班主任工作实习及基础教育调查与研究。

第八条 教育实习时间为第6学期,实习生在教育实习基地学校集中实习时长不少于16周。

第九条 师德体验实习

(一)内容。

以培养学生廉洁从教、爱生敬业、乐学善教、践行责任、求真务实为目标,引导学生确立教师职业理想,强化教师职业责任,严守教师职业纪律,优化教师职业作风,提高教师职业技能。

(二)要求。

实习生在教育实习各环节阶段分别完成一篇践行师德的体验报告。

第十条 教学工作实习

(一)内容。

听课、备课、编写教案、试讲、上课、指导实验、课后辅导、作业批改与讲评、考试与成绩评定、组织课外学习活动、进行教学专题总结等。

(二)要求。

1. 实习生课堂教学不少于10节课,其中采用新教案教学不少于6节,未完成教学节数最低限额者教育实习成绩为不合格。

2. 实习生在上课前必须听课,听课应不少于18节,要认真钻研教学大纲和教材,编写教案,并于上课前两天将教案交指导教师审批,签字后方能上课。教案一经批准,实习生不得自行修改或更改,如有改动须征得指导教师同意。

3. 实习生上课前,应在指导教师主持下进行试讲,试讲时同一备课小组的实习生必须参加。凡试讲不合格,经过努力仍不能达到讲课要求者,不能上课。

4. 讲课时要坚持讲练结合的原则,克服满堂灌的现象,要注意语言文字及板书的规范化,使用普通话教学。如条件容许,应使用多媒体教学。

5. 同一备课小组的实习生必须相互听课,课后要认真开好评议会。

6. 要认真研究作业的正确答案,答案确定后,须送指导教师审批。批阅作业应持慎重态度,注重调动中小学生的学习积极性,并作1~2次较为详尽的作业评讲。

7. 实习生应深入中小学生,了解其学习情况,针对不同类型学生的学习基础、学习态度,有的放矢地进行辅导。

第十一条 班主任工作实习

(一)内容。

在原班主任指导下,学习掌握班主任工作的基本内容、特点,包括了解班级情况,制订班主任工作计划,对学生进行思想品德教育,开展班级日常工作(如指导读报、编黑板报、组织文体活动、开展班委会工作、检查学生学习、批改周记、进行家访等),作个别学生的思想转化工作,组织主题班会,开展多样化有实效的班级活动,等等;学习班主任工作基本方法,学习如何教育和引导学生成长。

(二) 要求。

1. 听取原班主任工作经验介绍,查阅学生学籍卡片,了解学生及班级情况。

2. 根据原班主任工作计划,结合学校的中心工作及本班实际,拟订班主任工作实习计划,送原班主任批准后执行。

3. 在原班主任指导下,组织班会,开展各种班级活动,处理班内发生的问题。

第十二条 基础教育调查与研究

(一) 内容。

了解实习学校的历史、现状及贯彻党的教育政策的情况,优秀教师的先进事迹、教育教学经验及教育改革的情况;研究教育对象的心理与生理特点、学习态度与方法、知识结构与智能水平及德智体状况。

(二) 要求。

1. 拟订既全面又有侧重点的调查计划,经我校指导教师审批后执行。

2. 在充分分析、研究和整理资料的基础上,就一个专题写出切合实际的调查报告或研究小论文。

3. 调查报告或研究小论文的内容要真实,要有观点、有典型材料、有分析,文字要简明扼要。

4. 调查报告或研究小论文完成后,要征求被调查单位或个人意见,加以修改。

第四章　实习生要求与职责

第十三条　参加教育实习的师范生在实习前必须修完教育学、心理学、现代教育技术应用、学科教学论等课程,且通过教育见习、微格教学技能训练等实践环节考核。

第十四条　强化师范生的教师教育基本能力,师范生在校期间必须获得相关师范技能证书,未按要求取得相关师范技能证书的师范生,不得参加教育实习。

第十五条　教育实习期间,实习生必须严格遵守实习生守则:

(一) 热爱教育事业,热爱学生。

(二) 刻苦钻研教材,深入了解学生,工作认真负责,努力克服困难,保质保量地完成实习任务。

(三) 自觉遵守教育实习的规定和实习学校的各项规章制度及实习纪律。

(四) 爱护公共财物,注意节约水电。借东西要还,损坏东西要赔,借还手续要清楚。

(五) 团结互助,服从领导,虚心接受指导教师指导。

(六) 为人师表、讲求礼貌,言行举止、作风修养、衣着穿戴都应成为中小学生的表率。

(七) 不准与实习学校学生谈恋爱,严格遵守教师职业道德规范及十项准则。

（八）对实习学校的意见和建议，要通过指导教师有组织地提出。

第十六条 教育实习期间，一般不得请假。由于特殊原因必须请假时，严格履行请假程序。凡请假时间超过实习时间四分之一者，实习成绩评定为不合格。请假未经同意，实习生不得擅自离开实习单位。凡未经批准擅自超假者，视其情况降低实习成绩等级或取消实习成绩。

第十七条 教育实习队（或小组）队长（或组长）职责：

（一）协助高校指导教师组织实习队（或小组）同学学习有关文件，记录实习队（或小组）实习及纪律执行情况。

（二）协助高校指导教师关注实习队（或小组）同学的思想、生活、健康、安全，及时向指导教师报告本实习队（或小组）各阶段的工作动态，以身作则，相互帮助，共同做好教育实习工作。

（三）协助高校指导教师督促实习队（或小组）同学按照学校统筹教育实习工作进度推进既定教育实习计划，反馈实习队（或小组）同学的意见与要求，协助高校指导教师组织实习队（或小组）同学集体备课、试教和相互听课等事宜。

（四）协助高校指导教师组织完成全实习队（或小组）教育实习工作宣传、实习成绩初评、优秀实习生推优和实习工作总结等教育实习事宜。

第五章　指导教师任职条件与职责

第十八条 指导教育实习是我校课程与教学论、学科专业任教教师的基本职责，所有教师都应积极主动承担教育实习指导任务。在师范类专业从事教师教育课程教学工作且年龄在55岁以下、身体健康的教师，每3年必须累计有不少于一学期的教育实践（见习、微格教学、实习、研习）指导教学任务。

第十九条 在教育实习单位，履行教师职责，开展、指导教育教学和教研工作，熟悉基础教育教学的各个环节，全面了解基础教育教学工作的实际和特点，具备指导、分析、解决基础教育教学实际问题的能力，在实践中形成一定的教育教学研究成果。

第二十条 教育实习指导教师必须具备下列条件：

（一）具有良好的思想政治素质、职业道德素质、科学文化素质和身体心理素质，对教育实习工作有正确认识和责任感。

（二）教学理论扎实，专业技能和教学技能娴熟，知识结构合理，教学经验丰富。

（三）原则上应具有中级及以上职称或硕士以上学位。

（四）具有一定指导能力、带队组织能力和丰富的教育教学经验，具有较强的教研能力和较丰富的教研经验。

（五）了解基础教育，熟悉基础教育课程改革，熟知国家基础教育发展现状、改革政策和走向。

第二十一条 各二级学院应根据以上条件，于教育实习前向教务处报送指导教师名单。经教务处审批后的指导教师一般不得调换。

第二十二条 教育实习指导需以身作则、言传身教，关心实习生的思想、工作、生活、健康和

安全情况,督促实习生遵守纪律,指导实习生完成实习任务。具体职责是:

(一)做好实习前的准备工作。参与微格教学训练,了解实习生的表现及业务情况,布置学习有关文件,熟悉教育实习指导教材和基础教育对应学科教材及教学进度安排,准备到达教育实习学校后第一周的教育实习活动安排。

(二)密切与实习学校各方面的联系,协调和处理好与实习学校的关系,对于难处理的问题,及时向二级学院领导或教务处报告;制订所带队指导实习队教育实习工作方案,按照学校统筹教育实习工作进度推进既定教育实习工作,反馈实习队同学的意见与要求,及时向教务处报告各阶段的工作动态;组织召开实习队教育实习周工作例会,及时开展各种形式的教育实习活动[如教育实习汇报分享会(教育叙事、实习感想)、教研碰撞会、分学科小组集体备课会、学习通实习内容学习、实习活动开展、实习作业布置与批阅等];组织做好实习队教育实习工作宣传、实习成绩初评、优秀实习生推优和实习工作总结等教育实习事宜;教育引导实习生热爱教育事业,遵守纪律,以高度负责的精神,完成好教育实习任务。

(三)指导教学工作实习。与原任课教师密切配合,分配课堂教学实习任务,组织和指导实习生认真钻研教材,编写教案和制作教具,组织好集体备课、试讲、相互听课和课后评议,审阅实习生教案,全面掌握实习生教学工作实习情况,及时发现和解决教学工作实习中的问题。

(四)指导班主任工作实习。协同原班主任指导并组织实习生制订班主任工作计划,指导实习生了解、分析班集体和个别学生的情况,帮助解决实习工作中的有关问题。

(五)指导基础教育调查与研究。指导实习生制订基础教育调查与研究计划,编制基础教育调查与研究提纲,有重点地开展调查与研究,撰写调查报告或小论文。

(六)收集保存工作过程及开展活动成果的相关材料和照片(包括:实习生与带队指导导师、实习学校指导导师、实习学校学生交流及在实习学校听课、备课、研课、讲课、批阅作业及试卷、参与教研活动、组织主题班会等教育实习工作过程与开展活动的电子照片)。

(七)按照学校教育实习手册、教育实习成绩评定表上相关要求完成指导导师评语等相关材料。

第六章 实习总结与评价

第二十三条 在实习总结阶段,各实习点应以实习小组为单位,在实习指导教师主持下(或委托实习小组组长主持),认真总结、互相评议教育实习的主要收获、优点和不足,并提出今后努力的方向。个人写出自我鉴定,实习小组和实习指导教师分别对组内每个成员写出书面鉴定,分栏目填入《上饶师范学院教育实习成绩评定表》内。

第二十四条 教育实习成绩的评定必须严格按照评定标准,根据实习生在实习期间的表现及完成实习任务的质量,全面综合后按优秀、良好、中等、及格、不及格五级记分制予以考核和评定。教育实习成绩由师德体验、教学工作、班主任工作、基础教育调查与研究四个方面的百分制成绩按比例折算后构成(具体折合比例参照当年教育实习手册实施)。另,师德体验实施高校指导教师和实习学校指导教师一票否决制度,师德体验不合格者,教育实习成绩认定为不合格。

第二十五条 在实习结束后一周内,指导教师应根据指导实习的经验和有关问题,如学生的实习质量、知识能力缺陷及产生原因,存在的问题及学生中反映出来的带有普遍性的问题等写出实习指导情况总结,并按教务处统一要求汇编所带队指导实习队的教育实习材料。

第二十六条 在教育实习结束后,各二级学院要按照教务处统一安排组织本学院已参加过教育实习的学生开展教育研习。教育研习重在对师范生实习过程的反思与研究,在学科教学论教师的指导下,采用观摩研讨、座谈讨论、汇报分享、叙事反思等方式分组进行,引导学生结合学科教学的新理念、新思想、新方法、新技术以及新课程的实施要求,积极参加教育实习经验交流、教学设计研讨、课堂观察评议、主题班会研讨和教育科研报告研讨等教育研习活动,对师范生实习过程中的教育教学行为加以分析、探究与评价,从而达到经验交流与反思、合作分析与探讨、及时总结与提升的目的。

第二十七条 各二级学院在前期教育见习、教育实习、教育研习的基础上组织召开本学院师范生教育实践工作总结大会,认真总结,并按照教务处统一要求汇编教育研习工作材料报送教务处。

第二十八条 在教育实习结束后,教务处根据各实习队带队指导教师组织报送的初评与推优材料,尽快完成教育实习成绩认定与评优工作(评选优秀指导教师、优秀实习生),并发文进行表彰。成绩评定优秀率原则上不超过40%,优秀实习生比例原则上不超过20%,优秀指导教师比例原则上不超过50%。

第二十九条 在教育实习结束后,各带队指导教师要将评定完成的实习生教育实习材料(教育实习手册、教育实习教案、教育实习成绩评定表)发还实习生,由实习生交所属学院,各学院要安排专人收齐整理归档实习生所有实习材料和教育实践工作材料备查。

第七章 经费保障

第三十条 学校按规定提供教育实习经费保障,专款专用。

第三十一条 教育实习经费开支项目主要有:实习学校指导教师的指导津贴、高校带队指导教师的指导津贴和差旅补贴、接送实习生用车费用、走访检查实习相关费用、教育实习相关宣传与材料印制费用、教育实习评优评奖相关费用、实习基地建设费用等。

第三十二条 教育实习经费的开支标准遵照学校相关规定执行。

第八章 其他

第三十三条 此前颁布的相关管理办法中与本办法相抵触的,均以本办法为准。

四、上饶师范学院校外实践教学安全管理办法

为贯彻中共中央、国务院关于"安全第一,预防为主,综合治理"的安全生产工作方针,进一步落实《普通高等学校学生安全教育及管理暂行规定》,树立安全发展理念,确保我校学生的校外实践教学安全有序,防止各类安全事故、事件的发生,结合学校实际,制订本办法。

第一条 本办法所称校外实践教学是指根据人才培养方案及教学安排要求,在校外有组织地开展的专业(课程)实习实训(专业见习、采风、考察、写生等)、专业毕业实习(师范专业教育实习、非师范专业毕业实习)等教学活动。

第二条 学生校外实践教学安全管理工作实行校院两级负责制。二级学院负责实践教学计划工作,教务处负责审批、检查和协调工作,各二级学院及相关专业指导教师负责具体实施。学工处、保卫处、教务处和二级学院共同负责学生校外实践教学过程中安全事件的调查处理。

第三条 校外实践教学实行集中与分散相结合,以"集中为主"的方式进行。二级学院或学生选择实践教学单位时,原则上选择学校签约的实践教学基地;若选择非学校签约的单位,必须确保接收单位的合法性。不得到歌厅、酒吧、夜总会等娱乐场所或其他不适合学生参与的场所进行实践教学。

第四条 集中安排的非短期校外实践教学活动,学生必须签署《学生校外实践教学安全承诺书》。二级学院应按规定配备指导教师,明确指导教师为安全责任人。集中实践时应对学生分组并指定组长,组长为安全联络员,负责本组人员的安全防范工作。在校外实践教学活动期间,学生不得变更实践教学单位,如因特殊情况,确需变更的,须由学生本人提出书面申请,经指导教师、实践教学单位负责人及二级学院审批同意并报教务处备案后变更。

第五条 自主联系校外实践教学活动的学生,必须以书面形式提出申请,附有《实习单位同意学生自主实习回执》《学生校外实践教学安全承诺书》和《关于学生自主实习致家长的信及回执》等函件报二级学院审批。二级学院安排人员,通过电话等形式与家长核实实习信息(电话核实需做好通话记录)、二级学院审批后报教务处备案。二级学院应严格审批程序,指定指导教师,并加强实践教学活动期间的监督与检查。二级学院要将专业实习方案及要求等文件发给学生、实践教学单位指导教师。学生确因特殊情况需变更实习单位,应重新履行上述手续。

第六条 除教育实习、顶岗支教实习之外的其他短期校外实践教学活动,必须填报上饶师范学院校外实践教学审批材料,经二级学院审批,报教务处审查,由学校分管领导审定同意后,方可组织实践教学活动。学生必须签署《学生校外实践教学安全承诺书》。

第七条 学生在校外实践教学期间不得请假,如因特殊情况确需请假的,应履行向指导老师和实践教学单位管理负责人书面请假手续。学生在校外实践教学期间,不得参加与实践教学无关的活动,必须严格遵守签署的《学生校外实践教学安全承诺书》中相关条款。

第八条 校外实践教学前,二级学院要开展安全防范教育,组织学生认真学习《中华人民共和国安全生产法》《中华人民共和国劳动法》,以及大学生安全教育等相关政策、法令及学校规章制度,有关安全防范、应急抢救等知识与技能。学生上岗前,均应自觉接受岗位安全教育和安全技术培训。

第九条 二级学院要有针对性地做好安全应急预案,加强实践教学安全检查、巡视和过程监控,并就安全等事项与实践教学单位做好沟通协调工作。指导教师负责所带学生校外实践教学期间安全管理,加强学生安全教育与指导,强化安全监督与检查。建立校外实践教学学生安全汇报制度,指导教师与学生保持联络,若发现安全隐患,知情学生须立即向指导教师和实践教学单位管理负责人报告,及时排除隐患。

第十条 安全事件发生处理流程。

(一)知情同学要迅速向实践教学单位和二级学院报告,其他同学要采取积极措施进行有效处理。

(二)二级学院接报后立即向学校学工处、保卫处、教务处和学校分管领导报告。在校领导的指导下,由学工处牵头,相关部门和二级学院协同,立即组织人员进行紧急处理。

第十一条 附则

(一)本办法未尽事宜,以相关部门的后期规定为准。

(二)本办法自发布之日起实施。

专题二　教育实习内容与任务

一、上饶师范学院师德体验实习(基本要求)

实习生通过观察学习身边一线教师的师德闪光点,记录师德感人事迹,体悟教师职业道德内涵,践行师德,并结合教育实习实际进行师德自我反思,自觉遵守教师职业道德,正确处理师生关系,完成以下内容:

1. 实习生师德见闻日志(2篇);
2. 实习生践行师德报告(2篇)。

一、上饶师范学院师德体验实习（基本要求）

实习生师德见闻日志（一）

（内容要求：实习生通过观察学习身边一线教师的师德闪光点，记录师德感人事迹，体悟教师职业道德内涵。）

实习生签名：

年　月　日

实习生师德见闻日志(二)

(内容要求:实习生通过观察学习身边一线教师的师德闪光点,记录师德感人事迹,体悟教师职业道德内涵。)

实习生签名:

年 月 日

一、上饶师范学院师德体验实习（基本要求）

实习生践行师德报告（一）

（内容要求：实习生通过观察学习身边一线教师的师德闪光点，体悟教师职业道德内涵，践行师德，并结合教育实习实际进行师德自我反思，自觉遵守教师职业道德，正确处理师生关系。）

实习生签名：

年　月　日

实习生践行师德报告(二)

(内容要求:实习生通过观察学习身边一线教师的师德闪光点,体悟教师职业道德内涵,践行师德,并结合教育实习实际进行师德自我反思,自觉遵守教师职业道德,正确处理师生关系。)

实习生签名:

年　月　日

二、上饶师范学院教学工作实习(基本要求)

实习生制订教学工作实习计划,在指导教师指导下开展日常听评议课(记录课堂纪实、即时评析、总体评价及自我反思),集体备课(磨课),授课、早读、晚自习、指导实验等辅导,监考、批阅作业与试卷,"双减"政策下课后服务,参与教学管理、教研活动,进行教学工作实习总结与反思。完成以下内容:

1. 实习生教学工作实习计划(1篇);
2. 实习生听评议课情况一览表(听课累计不少于18节);
3. 实习生听评议课记录表(听课累计不少于18节);
4. 实习生集体备课(磨课)情况一览表(累计不少于4次);
5. 实习生授课情况一览表(授课不少于10节,其中新课不少于6节,讲评作业1~2节);
6. 教育实习教案(含教学反思)(10篇);
7. 实习生早读、晚自习、指导实验等辅导情况一览表;
8. 实习生监考、批阅作业与试卷情况一览表;
9. 实习生参与"双减"政策下课后服务情况一览表;
10. 实习生参与教学管理情况一览表;
11. 实习生教研活动记录表;
12. 实习生教学工作实习总结与反思报告。

注:未达到听评议课与授课时数最低限额的实习生,教育实习成绩不能评定为优秀等级。

实习生教学工作实习计划

二、上饶师范学院教学工作实习（基本要求）

续 表

实习生听评议课情况一览表(一)

序号	日期	星期	节次	班级	授课教师	教学内容(章节)	备注
1							
2							
3							
4							
5							
6							
7							
8							
9							
10							
11							
12							
13							
14							
15							
16							
17							
18							

实习生听评议课情况一览表(二)

序号	日期	星期	节次	班级	授课教师	教学内容(章节)	备注
19							
20							
21							
22							
23							
24							
25							
26							
27							
28							
29							
30							
31							
32							
33							
34							
35							
36							

实习生听评议课记录表(一)

授课教师		科目		时间		班级	
授课内容（章节）							

课堂纪实：	即时评析[关注点：教学内容的处理（安排）、教学方法的运用、学生的思维训练、学生核心素养培养、学生的情感态度价值观引导等]：

总体评议及反思	

实习生听评议课记录表(二)

授课教师		科目		时间		班级	
授课内容（章节）							

课堂纪实：	即时评析[关注点：教学内容的处理（安排）、教学方法的运用、学生的思维训练、学生核心素养培养、学生的情感态度价值观引导等]：

总体评议及反思	

实习生听评议课记录表(三)

授课教师		科目		时间		班级	
授课内容 (章节)							

课堂纪实:	即时评析[关注点:教学内容的处理(安排)、教学方法的运用、学生的思维训练、学生核心素养培养、学生的情感态度价值观引导等]:

总体评议及反思:	

实习生听评议课记录表(四)

授课教师		科目		时间		班级	
授课内容（章节）							

课堂纪实：	即时评析[关注点：教学内容的处理（安排）、教学方法的运用、学生的思维训练、学生核心素养培养、学生的情感态度价值观引导等]：

总体评议及反思	

实习生听评议课记录表（五）

授课教师		科目		时间		班级	
授课内容（章节）							

课堂纪实：	即时评析[关注点：教学内容的处理（安排）、教学方法的运用、学生的思维训练、学生核心素养培养、学生的情感态度价值观引导等]：

总体评议及反思	

实习生听评议课记录表（六）

授课教师		科目		时间		班级	
授课内容（章节）							

课堂纪实：	即时评析[关注点：教学内容的处理（安排）、教学方法的运用、学生的思维训练、学生核心素养培养、学生的情感态度价值观引导等]：

总体评议及反思	

实习生听评议课记录表(七)

授课教师		科目		时间		班级	
授课内容（章节）							

课堂纪实：	即时评析[关注点：教学内容的处理（安排）、教学方法的运用、学生的思维训练、学生核心素养培养、学生的情感态度价值观引导等]：

总体评议及反思	

实习生听评议课记录表(八)

授课教师		科目		时间		班级	
授课内容（章节）							

课堂纪实：	即时评析[关注点：教学内容的处理（安排）、教学方法的运用、学生的思维训练、学生核心素养培养、学生的情感态度价值观引导等]：

总体评议及反思	

实习生听评议课记录表（九）

授课教师		科目		时间		班级	
授课内容（章节）							

课堂纪实：	即时评析[关注点：教学内容的处理（安排）、教学方法的运用、学生的思维训练、学生核心素养培养、学生的情感态度价值观引导等]：

总体评议及反思	

二、上饶师范学院教学工作实习(基本要求)

实习生听评议课记录表(十)

授课教师		科目		时间		班级	
授课内容（章节）							

课堂纪实：	即时评析[关注点：教学内容的处理（安排）、教学方法的运用、学生的思维训练、学生核心素养培养、学生的情感态度价值观引导等]：

总体评议及反思	

实习生听评议课记录表(十一)

授课教师		科目		时间		班级	
授课内容 (章节)							

课堂纪实:	即时评析[关注点：教学内容的处理（安排）、教学方法的运用、学生的思维训练、学生核心素养培养、学生的情感态度价值观引导等]：

总体评议及反思	

实习生听评议课记录表(十二)

授课教师		科目		时间		班级	
授课内容 (章节)							

课堂纪实:	即时评析[关注点：教学内容的处理（安排）、教学方法的运用、学生的思维训练、学生核心素养培养、学生的情感态度价值观引导等]:

总体评议及反思	

实习生听评议课记录表(十三)

授课教师		科目		时间		班级	
授课内容（章节）							

课堂纪实：	即时评析[关注点：教学内容的处理（安排）、教学方法的运用、学生的思维训练、学生核心素养培养、学生的情感态度价值观引导等]：

总体评议及反思	

二、上饶师范学院教学工作实习(基本要求)

实习生听评议课记录表(十四)

授课教师		科目		时间		班级	
授课内容（章节）							

课堂纪实：	即时评析[关注点：教学内容的处理（安排）、教学方法的运用、学生的思维训练、学生核心素养培养、学生的情感态度价值观引导等]：

总体评议及反思	

实习生听评议课记录表(十五)

授课教师		科目		时间		班级	
授课内容（章节）							

课堂纪实：	即时评析[关注点：教学内容的处理（安排）、教学方法的运用、学生的思维训练、学生核心素养培养、学生的情感态度价值观引导等]：

总体评议及反思	

实习生听评议课记录表（十六）

授课教师		科目		时间		班级	
授课内容（章节）							

课堂纪实：	即时评析[关注点：教学内容的处理（安排）、教学方法的运用、学生的思维训练、学生核心素养培养、学生的情感态度价值观引导等]：

总体评议及反思	

实习生听评议课记录表(十七)

授课教师		科目		时间		班级	
授课内容（章节）							

课堂纪实：	即时评析[关注点：教学内容的处理（安排）、教学方法的运用、学生的思维训练、学生核心素养培养、学生的情感态度价值观引导等]：

总体评议及反思	

实习生听评议课记录表(十八)

授课教师		科目		时间		班级	
授课内容（章节）							

课堂纪实：	即时评析[关注点：教学内容的处理（安排）、教学方法的运用、学生的思维训练、学生核心素养培养、学生的情感态度价值观引导等]：

总体评议及反思	

实习生集体备课(磨课)情况一览表

序号	日期	星期	地点	参与人员	教学内容(章节)	备注
1						
2						
3						
4						
5						
6						
7						
8						
9						
10						
11						
12						
13						
14						
15						
16						
17						
18						

注：参与人员须如×××(高校指导教师)、×××(实习学校指导教师)、×××(××学科 实习生)填写。

实习生授课情况一览表

序号	日期	星期	节次	班级	地点	教学内容(章节)	备注
1							
2							
3							
4							
5							
6							
7							
8							
9							
10							
11							
12							
13							
14							
15							
16							
17							
18							
19							
20							

注：授课不少于10节，其中新课不少于6节，讲评作业1～2节。

教育实习教案

（20   届）

实 习 生 学 院：＿＿＿＿＿＿＿＿＿＿＿＿

实 习 生 专 业：＿＿＿＿＿＿＿＿＿＿＿＿

实 习 生 班 级：＿＿＿＿＿＿＿＿＿＿＿＿

实 习 生 姓 名：＿＿＿＿＿＿学 号：＿＿＿＿

实 习 学 校：＿＿＿＿＿＿＿＿＿＿＿＿

实 习 学 科：＿＿＿＿＿＿＿＿＿＿＿＿

实 习 班 级：＿＿＿＿＿＿＿＿＿＿＿＿

高校带队指导教师：＿＿＿＿＿＿＿＿＿＿＿＿

实习学校指导教师：＿＿＿＿＿＿＿＿＿＿＿＿

实 习 时 间：＿＿月＿＿日至＿＿月＿＿日

教 务 处 制

二、上饶师范学院教学工作实习(基本要求)

教学内容（章节）					
课程类型		课时安排		班级	

教学目标：

教学重点、难点：

教具：

教学方法：

教学过程（如不够请附页）：

47

续表

板书设计：	
课后评议	自我反思：

二、上饶师范学院教学工作实习(基本要求)

续 表

	实习同学评议:
	评议同学签名: 年 月 日
	实习学校指导教师意见: 教师签名: 年 月 日
	高校带队指导教师意见: 教师签名: 年 月 日

注:学校给实习生同时发放10张单张教案表供实习生撰写日常上课教案。

实习生早读、晚自习、指导实验等辅导情况一览表

序号	日期	星期	班级	早读、晚自习、指导实验等辅导情况记录	备注
1					
2					
3					
4					
5					
6					
7					
8					
9					
10					
11					
12					
13					
14					
15					
16					
17					
18					

实习生监考、批阅作业与试卷情况一览表

序号	日期	星期	班级	监考、批阅作业与试卷情况记录	备注
1					
2					
3					
4					
5					
6					
7					
8					
9					
10					
11					
12					
13					
14					
15					
16					
17					
18					

实习生参与"双减"政策下课后服务情况一览表

序号	日期	星期	班级	参与"双减"政策下课后服务情况记录	备注
1					
2					
3					
4					
5					
6					
7					
8					
9					
10					
11					
12					
13					
14					
15					
16					
17					
18					

实习生参与教学管理情况一览表

序号	日期	星期	部门	参与教学管理情况记录	备注
1					
2					
3					
4					
5					
6					
7					
8					
9					
10					
11					
12					
13					
14					
15					
16					
17					
18					

二、上饶师范学院教学工作实习(基本要求)

实习生教研活动记录表(一)

时间	
地点	
教研活动主题	
主要参加人员	
教研活动纪要	
感悟与收获	

实习生教研活动记录表(二)

时间	
地点	
教研活动主题	
主要参加人员	
教研活动纪要	
感悟与收获	

实习生教研活动记录表(三)

时间	
地点	
教研活动主题	
主要参加人员	
教研活动纪要	
感悟与收获	

实习生教研活动记录表(四)

时间	
地点	
教研活动主题	
主要参加人员	
教研活动纪要	
感悟与收获	

实习生教学工作实习总结与反思报告

实习学校		实习班级	
教学工作实习总结			
教学工作实习反思			

三、上饶师范学院班主任工作实习（基本要求）

实习生在指导教师指导下了解实习班级基本情况，制订班主任工作实习计划，填写实习班级课程表，撰写班主任工作日志，进行实习班级学生个别教育，组织班级主题活动（班委会、班会、家长会、家访、运动会等），进行班主任工作实习总结与反思。完成以下内容：

1. 实习生实习班级基本情况表；
2. 实习生实习班级课程表；
3. 实习生班主任工作实习计划（1篇）；
4. 实习生班主任工作日志（4篇）；
5. 实习生实习班级学生个别教育案例（3篇）；
6. 实习生班级主题活动记录表（班委会、班会、家长会、家访、运动会等）；
7. 实习生实习班级主题班会设计方案（2篇）；
8. 实习生班主任工作实习总结与反思报告（1篇）。

注：未完成班主任工作日志、学生个别教育案例、主题班会设计方案的实习生，教育实习成绩不能评定为优秀等级。

实习生实习班级基本情况表

班级			学生人数	
班主任			团、队员人数	
班级干部	班　　长		副班长	
	学习委员		生活委员	
	体育委员		文娱委员	
	劳动委员		宣传委员	
团队干部	团支部书记		少先队队长	
	组织委员		委员	
	宣传委员			
各学科任课教师	政治		语文		数学	
	外语		物理		化学	
	生物		历史		地理	
	计算机		体育		劳动技术	
	音乐		美术			
各学科课代表	政治		语文		数学	
	外语		物理		化学	
	生物		历史		地理	
	计算机		体育		劳动技术	
	音乐		美术			

实习生实习班级课程表

	一	二	三	四	五	六	日
第一节							
第二节							
第三节							
第四节							
第五节							
第六节							
第七节							
第八节							
第九节							

三、上饶师范学院班主任工作实习（基本要求）

实习生班主任工作实习计划

续 表

三、上饶师范学院班主任工作实习(基本要求)

实习生班主任工作日志(一)

日期：	
工作记录：	育人感悟：

实习生班主任工作日志(二)

日期:

工作记录:	育人感悟:

实习生班主任工作日志（三）

日期：	
工作记录：	育人感悟：

实习生班主任工作日志(四)

日期:	
工作记录:	育人感悟:

三、上饶师范学院班主任工作实习（基本要求）

实习生实习班级学生个别教育案例（一）

实习生实习班级学生个别教育案例(二)

实习生实习班级学生个别教育案例(三)

实习生班级主题活动记录表（一）

日期		地点		参加人数	
主题					
准备工作					
主要过程与总结					
反思					

实习生班级主题活动记录表(二)

日期		地点		参加人数	
主题					
准备工作					
主要过程与总结					
反思					

实习生班级主题活动记录表(三)

日期		地点		参加人数	
主题					
准备工作					
主要过程与总结					
反思					

实习生班级主题活动记录表（四）

日期		地点		参加人数	
主题					
准备工作					
主要过程与总结					
反思					

实习生班级主题活动记录表(五)

日期		地点		参加人数	
主题					
准备工作					
主要过程与总结					
反思					

实习生实习班级主题班会设计方案(一)

续 表

实习生实习班级主题班会设计方案(二)

续 表

实习生班主任工作实习总结与反思报告

实习学校		实习班级	
班主任工作实习总结			
班主任工作实习反思			

四、上饶师范学院基础教育调查与研究(基本要求)

实习生制订基础教育调查与研究计划,在指导教师指导下开展或参与基础教育研究与调查活动,撰写活动记录与调查报告或研究小论文,进行基础教育调查与研究总结与反思。完成以下内容:

1. 实习生基础教育调查与研究计划(1篇);
2. 实习生基础教育研究活动记录(2篇);
3. 实习生基础教育调查活动记录(2篇);
4. 实习生基础教育调查报告或研究小论文(1篇);
5. 实习生基础教育调查与研究参考选题;
6. 实习生基础教育调查与研究总结与反思报告(1篇)。

注:未完成基础教育调查报告或研究小论文的实习生,教育实习成绩不能评定为优秀等级。

实习生基础教育调查与研究计划

续 表

实习生基础教育研究活动记录(一)

时间	
地点	
教育研究活动主题	
主要参加人员	
教育研究活动纪要	
感悟与收获	

实习生基础教育研究活动记录(二)

时间	
地点	
教育研究活动主题	
主要参加人员	
教育研究活动纪要	
感悟与收获	

实习生基础教育调查活动记录(一)

时间	
地点	
教育调查主题	
教育调查方法	
教育调查内容	

实习生基础教育调查活动记录(二)

时间	
地点	
教育调查主题	
教育调查方法	
教育调查内容	

实习生基础教育调查报告或研究小论文

基础教育调查报告或研究小论文的要求：

(1) 可参考《实习生基础教育调查与研究参考选题》拟定题目，也可结合实际自拟基础教育教学的题目；

(2) 不少于 2 000 字；

(3) (A4 规格)Word 电子版撰写，排版格式：标题为宋体、二号字号、加粗；正文为宋体、小四字号、1.5 倍行距；

(4) 统一提交至教务处安排的云端存储。

实习生基础教育调查与研究参考选题

（一）中学生调查研究

1. 中学生心理健康的调查与研究
2. 中学生学业任务承受能力调查
3. 中学生学习态度调查
4. 中学生的逆反心理及对应措施
5. 中学生劳动技能培养
6. 中学生早恋及社会原因分析
7. 中学生良好品德的培养研究
8. 中学生学习动机分析
9. 中学生学习负担的调查及减轻负担的对策
10. 中学生分化的所谓"危险期"研究
11. 中学生思想品德教育的内容、方法及实效性研究
12. 中学生参加第二课堂活动的兴趣与研究
13. 中学生学习方法的调查与研究
14. 中学生网络成瘾的原因及对策
15. 学科教学中学生的探究学习研究
16. 互联网对学校教育的挑战
17. 当代中学生的品德状况的研究
18. 中学生心理特征的调查研究
19. 促进"后进生"转化诸因素分析
20. "后进生"转化过程中的教师工作研究
21. 学习困难学生的成因及对策研究
22. 品行不良学生的转化研究
23. 学生流失情况及防止流失的建议
24. 流动人员子女的教育问题研究
25. 中学第二课堂的研究
26. 课外科技活动与中学生成长
27. 体育教学与以"达标"为中心的课外体育活动
28. 学生文化素养的调查及提高途径
29. 中学课堂教学研究发展学生个性的思考

（二）中学教师研究

1. 优秀教师的教育、教学实践调查
2. 学校教师激励方式探讨

3. 实习学校教师队伍的个案分析

4. 教师的心理挫折问题研究

5. 中学青年教师工作压力成因及对策分析

6. 中学教师接受继续教育的必要性

7. 中学教师的生活现状调查研究

8. 构建教师学习型组织的理论思考

9. 当前教师倦怠现状、成因及对策

10. 青年教师的思想、工作状况及需求研究

11. 网络教学中的教师角色转变与适应研究

12. 西部农村教师队伍的建设特点与难点

13. 贫困地区的基础教育现状及其对策调查

14. 贫困地区教师继续教育(特殊教育)情况调查与分析

(三) 新课程研究

1. 新课程下家长的教育影响力

2. 新课程下的教学设计理念与策略

3. 新课程下学生主体性发挥的实践研究

4. 新课程下教师观(学生观)的更新以及教育策略的研究

5. 新课程实施中学生情感、态度与价值观的评价的研究

6. 新课程中地方课程(校本课程)的实践与反思

7. 新课程中教师地位与作用

8. 新课程环境下班级建设浅谈

9. 新课程倡导学习方式变革的原因分析

10. 新课程与教师评价改革

11. 新课程改革与教师素质的提高

12. 中学学科新课程的新理念研究

(四) 家庭教育研究

1. 家庭教育与独生子女的成长

2. 家庭环境对中学生性格及成长的影响

3. 家庭氛围对教育(中学、小学)的影响

4. 独生子女心理特点与成因分析

5. 独生子女人格特点分析

(五) 实习体会与反思

1. 实习中学对高校教育实习的意见与建议调查

2. 历届校友在实习中学任教情况及对母校教育、教学工作的意见

3. 从教育实习看,本专业中学教学的内容和方法应做哪些改革与改进

4. 实习中学教学质量调查与研究

5. 双重角色的自我体会

6. 师范生的智能结构与品格结构研究

7. 五年来我校毕业生的教学素质区域调查

8. 师范生的素质教育研究

9. 教育评价的改革与建设

(六) 综合研究

1. 从教师现状看师范生的招生、就业

2. 中学办学失范现象的成因

3. 隐性课程的潜在价值研究

4. 高等师范教育如何适应中等教育的发展

5. 从中等教育的发展看师范院校的课程体系改革

6. 中学良好校风的形成及其物化形式的研究

7. 中学生成长中的家庭教育与学校教育的一致性研究

8. 多元化评价的实践研究

9. 社会环境与中学生成长

10. 大学生创业教育与学校管理

11. 浅议教育产业化问题

12. 德育的学校家庭社会一体化问题研究

13. 市场经济条件下学校德育面临的挑战与对策

14. 通过实习,谈谈你对师范大学有哪些建议

15. 通过实习,谈谈你对教学改革利弊的认识与反思

16. 通过实习,谈谈你对我校实践教学环节的反思

17. 通过实习,谈谈你对我校课程体系和教学内容的反思

实习生基础教育调查与研究总结与反思报告

实习学校	
基础教育调查与研究总结	
基础教育调查与研究反思	

五、上饶师范学院综合工作实习(基本要求)

为强化师范生实践性反思意识,提升师范生专业能力,进一步提高我校教育实习工作质量,教务处后期将要求实习生以**电子版**形式完成以下写作内容:

1. 实习生教育实习关键事件记录表(实习期间每周完成一次);
2. 实习生新课教学纪实美篇(实习期间完成至少一篇);
3. 实习生汇报课教学纪实美篇(实习期间完成至少一篇);
4. 实习生智慧教学纪实(实习期间完成至少一篇);
5. 实习生基础教育案例(实习期间完成至少一篇);
6. 实习生教育叙事(实习期间每月完成一篇)。

实习生教育实习关键事件记录表

实习学校：	实习学科：	实习指导教师：	实习时间： 年 月 实习第 周
实习生姓名：	实习生学号：	实习生专业：	带队指导教师：

每周选择对自己教育实习工作生活影响最大的一件事进行记录

事件简要描述	
感受与评价	
影响与启示	

实习生新课教学纪实美篇

实习学校：	实习学科：	实习指导教师：	实习时间：　　年　　月
实习生姓名：	实习生学号：	实习生专业：	带队指导教师：
上课年级班级：	上课章节：		

一、教学准备阶段［要求：呈现备课、磨课现场照片，完整教案（手写后拍照），教学PPT等］

二、教学实施阶段［要求：呈现上课照片（尽量做到多角度拍摄，包括课堂全景、师生提问互动、实习生肢体语言表达等方面），2～3面课堂板书（拍照），3～5个课堂教学视频小片段（可用手机拍摄课堂表现精彩片段，如课堂导入、课堂讲授、课堂互动、课堂把控等）］

三、教学评价阶段（要求：呈现实习学校指导教师、高校带队指导教师、授课学生的反馈与评价）

四、教学反思阶段（要求：呈现实习生个人教学反思）

实习生汇报课教学纪实美篇

实习学校：　　　　　实习学科：　　　　　实习指导教师：　　　　　实习时间：　　年　　月
实习生姓名：　　　　实习生学号：　　　　实习生专业：　　　　　　带队指导教师：
上课年级班级：　　　上课章节：　　　　　是否公开课：

一、教学准备阶段［要求：呈现备课、磨课现场照片，完整教案（手写版拍照），教学PPT等］

二、教学实施阶段［要求：呈现上课照片（尽量做到多角度拍摄，包括课堂全景、师生提问互动、实习生肢体语言表达等方面），2~3面课堂板书（拍照），3~5个课堂教学视频小片段（可用手机拍摄课堂表现精彩片段，如课堂导入、课堂讲授、课堂互动、课堂把控等）］

三、教学评价阶段（要求：呈现实习学校指导教师、高校带队指导教师、授课学生的反馈与评价）

四、教学反思阶段（要求：呈现实习生个人教学反思）

实习生智慧教学纪实

实习学校：	实习学科：	实习指导教师：	实习时间： 年 月
实习生姓名：	实习生学号：	实习生专业：	带队指导教师：

　　教育要面向现代化，面向未来，面向世界。智慧教学要求充分使用现代科学技术手段，开发教育资源，优化教育过程，推动教育信息化，以培养和提高学生学习能力与创新技能。

实习生基础教育案例

　　基础教育案例,是从以反映新课改和素质教育为内容的基础教育一线优秀教育教学实践活动中总结出来,按照教育教学案例的一般撰写要求,整理分析及评价反思的实例。案例中的具体情景包含一个或多个教学问题,同时也包含有解决这些问题的方法和技巧。基础教育案例一般有具体情景的介绍和描述,也有一定的理论思考和对实际活动的评价和反思。从取材来看,它可以是针对一堂课的设计或是某个教学环节的教学案例,可以是教育学生的教育案例,也可以是学生管理和班级管理的教育管理案例。从来源来看,它可以是顶岗支教学生自己的,也可以是受援学校有经验教师的;可以是教育教学活动中的成功经验,也可以是教育教学实践中遭遇过的失败事例。

实习生教育叙事

实习学校：	实习学科：	实习指导教师：	实习时间：　　年　　月
实习生姓名：	实习生学号：	实习生专业：	带队指导教师：

　　教育叙事在教育者群体中是一种常态而普遍的存在。比较有名的有陶行知先生的"四颗糖"的故事、苏霍姆林斯基"两朵玫瑰花"的故事等。这些故事都引导人们思考和探寻教育的真谛、人性的本源。教育叙事是讲述在实习过程中发生的教育教学故事(含教师与学生的故事),但又不是为了讲故事而讲故事。

　　实习生通过叙述教育教学中的真实情境,展开对教育教学现象的思索、对教育教学问题的研究,将客观的过程、真实的体验、主观的阐释有机融为一体,总结教育教学经验和领悟教育教学过程,深度促进自身在教师职业上的专业化成长。

　　教育叙事通常包含四个基本要素:故事背景、情境描述、问题解决的结果及效果的描述、反思或评析。

　　(1) 故事背景:交代故事发生的时间、地点、人物、起因,但不必面面俱到,关键在于说明故事的发生有何特别原因和条件。如果在正文之前有引言或绪论,则本内容可省略。

　　(2) 情境描述:选择真实的故事情节,凸显焦点,反映一个鲜明的问题或矛盾。要有细节描写,力求生动、引人入胜。先描述后分析,可叙议结合,或夹叙夹议。

　　(3) 问题解决的结果及效果的描述:用一句或几句简单的话,描述问题解决的结果及效果,以突出、强调,让人们进一步理解、感悟其典型的教育意义。

　　(4) 反思或评析:反思、评析是将教学教育行为的成败上升到理论层面而进行的分析。反思是指教师把自己的教育教学活动本身作为研究的对象,多角度地进行审视、深思、探究与评价;评析是从观察者的角度对他人的教学叙事进行分析和思考。

教育实习总结报告

（20   届）

实习生学院：_____

实习生专业：_____

实习生班级：_____

实习生姓名：_____学　号：_____

实　习　学　校：_____

实　习　学　科：_____

实　习　班　级：_____

高校带队指导教师：_____

实习学校指导教师：_____

实　习　时　间：___月___日至___月___日

教 务 处 制

专题三　教育实习总结与评价

一、教育实习总结报告的体例与要求

(一) 教育实习总结报告的体例

> 一、前言
> 概述实习的时间、地点，实习方式等基本情况。
> 二、教育实习基本情况
> 从以下几个方面阐述整个学期实习的基本情况。
> (一) 政治思想表现
> (二) 履行师德规范情况(重点)
> (三) 教学工作情况(重点)
> (四) 班主任工作情况(重点)
> (五) 开展基础教育调查与研究情况
> 三、教育实习效果
> 建议从自身师德素养和教育教学能力水平的提升、教师专业的成长以及对基础教育的认识等方面进行阐述。
> 四、教育实习反思
> 建议从后续课程的学习、实习工作的开展、学校教师教育职前培养过程中的课程设置、课堂教学、技能训练与考核等方面进行反思，并提出合理化的建议和意见。

(二) 教育实习总结报告的要求

1. 标题可自拟；
2. 不少于 2 500 字；
3. (A4 规格)Word **电子版撰写**，排版格式：标题为宋体、二号字号、加粗，正文为宋体、小四字号、1.5 倍行距；
4. 统一提交至教务处安排的云端存储。

二、上饶师范学院教育实习成绩评定条例

（一）师德体验实习

1. 明确教育实习的目的和意义，积极主动做好教育实习的各项工作。

2. 服从学校、二级学院和实习学校的领导，尊重指导教师，关心爱护学生。

3. 严格要求自己，有较强的团队精神和协作能力，自觉遵守实习学校的各项规章制度，积极参与实习学校师德师风建设。

4. 认真观察学习身边一线教师的师德闪光点，记录师德感人事迹，体悟教师职业道德内涵，结合教育实习实际进行师德自我反思，自觉遵守教师职业道德，正确处理师生关系。独立完成至少2篇实习生师德见闻日志和2篇实习生践行师德报告。

5. 对严重违反实习学校校风校纪、师德师风，造成恶劣影响者，实习成绩按不合格处理。

（二）教学工作实习

1. 热爱人民教育事业，遵循党的教育方针，积极参加实习工作。虚心学习，刻苦钻研，尊重实习学校和指导教师，进步快。

2. 独立编写教案，无政治性、科学性、原则性错误，教材处理恰当。

3. 在课堂教学中，根据大纲、教材，对基础知识和基本技能的教学，讲述清楚透彻，层次分明。不单纯传授知识，重视启发思考，培养能力。用普通话教学，语言清晰，板书清楚无误。实验课课前准备充分，实验操作及指导准确，演示效果明显，根据教学内容注意联系实际，教学效果好。

4. 深入学生实际进行辅导，解决学生疑难问题，因材施教，认真批改作业。

5. 在教学实习评议活动中，运用教育理论分析和评议教学质量。

（三）班主任工作实习

1. 遵循党的教育方针，努力进行班主任工作实习。爱护学生，注意学生德、智、体、美、劳全面发展，培养良好的班级集体氛围。在实习工作中虚心好学，积极完成原班主任和实习小组分配的任务。

2. 深入班级，认真进行调查研究，掌握实习班级的基本情况。

3. 从学生班级实际出发，对班级和个别学生情况进行分析。对学生进行有效的思想教育工作。

4. 在原班主任指导下，组织开展班级活动。

（四）基础教育调查与研究

1. 设计合理的调查方案，选用恰当的调查方法，观察力、判断力较强，善于发现问题、分析问题、解决问题，提出的观点正确，建议切实可行。

2. 选题具有现实意义和一定的学术价值。

3. 采取问卷、文献、访谈等形式搜集资料,并对资料进行科学整理和分析、发现问题。

4. 调查报告或小论文结构严谨,层次表达清晰,逻辑性强,观点鲜明,论据充分可靠,论证严密,具有说服力,文字表述准确、流畅。

5. 每位实习生要对自己所教授的学生进行一次调查研究,独立写出一篇不少于2 000字的调查报告或研究小论文,主题可以是学科学习、同学交往、师生关系、家庭教育、课外活动等;各实习队也应以团队为单位完成一篇不少于3 000字的调查报告或研究小论文,主题可以是学校管理、校园文化建设、教师工作积极性、学生学习状态、综合实践活动等。

（五）教育实习成绩的评定

教育实习成绩的评定必须严格按照相关教育实习成绩考核评分表中的成绩评定标准,根据实习生在实习期间师德体验实习、教学工作实习、班主任工作实习、基础教育调查与研究四方面的综合表现及完成实习任务的质量,按优秀、良好、中等、及格、不及格五级予以考核和评定。其中,师德体验实习成绩评定实行高校指导教师或实习学校指导教师一票否决制度,师德体验不合格的教育实习成绩认定为不合格。

三、上饶师范学院教育实习优秀实习生和优秀实习指导教师评选条例

(一) 评选对象

参加当学期教育实习的实习学生以及实习指导教师。

(二) 评选比例

优秀实习生推荐名额控制在参加实习学生总数的 20% 以内。优秀实习指导教师人数按参加指导教育实习工作教师人数的 50% 以内评出。

(三) 评选时间

优秀实习生、优秀实习指导教师每届评选一次,五届当选为优秀实习指导教师可推选为专家型实习指导教师。优秀实习生的评选、推荐时间必须与实习工作总结同步进行。

(四) 评选条件

1. 优秀实习生评选条件

(1) 具有扎实的专业知识和良好的师德。为人师表,尊重指导教师,团结同学,严格遵守实习生守则及实习学校的规章制度。

(2) 实习态度认真,服从实习安排、工作积极主动,出色完成各项实习任务,受到实习学校师生好评,实习成绩优秀。

(3) 努力钻研教学大纲和教材,熟悉教学内容,虚心接受指导,能较好地掌握和运用教学方法与技巧。

(4) 经常深入了解、辅导学生,结合青少年特点,开展多种有益于青少年健康成长的活动,对学生进行思想品德教育,认真做好班主任工作。

(5) 关心学校教育,通过教育实习能对学校教育改革提出合理化建议;积极开展教育调查研究活动,写出有较高水平的教育调查报告或论文。

(6) 上过公开课并获得好评。

(7) 实习期间有其他突出表现者。

2. 优秀实习指导教师评选条件

(1) 出色履行指导教师的工作职责,成效显著;积极主动完成实习指导任务,工作责任心强,以身作则,为人师表,受到实习单位及实习生的好评。

(2) 按照实习计划完成各项规定和要求,从全面培养实习生能力着手,认真指导并负责实习过程管理,在指导上有所创新,成绩突出。

(3) 全面掌握实习工作的详细情况,积极与实习单位取得沟通,妥善协调好各方面的关系,及时发现实习中的困难和问题,并积极采取措施予以解决。

(4) 遵守实习纪律,关心、爱护学生。关心实习生的思想、工作、生活、安全,能够对学生进行思想、纪律教育,督促学生遵守校纪校规和实习单位的各项规章制度。

(5) 及时填写、提交各项实习材料。督促实习生做好实习小结,配合学院按时做好学生的实习考核工作和小组实习总结;实习成绩评定公平、公正。

(6) 所指导的实习小组能按学校规定圆满完成实习任务,无违反纪律和影响学校声誉的不良现象,并至少有一个实习小组获得校级优秀实习小组荣誉。

(7) 在实习基地建设方面做出一定成绩。

(五)评选办法与步骤

1. 各实习小组进行初评,指导教师审核批准,将初评出的优秀实习生推荐给教务处。
2. 教务处负责组织优秀实习指导教师评选。

(六)奖励办法

1. 优秀实习生由教务处颁发证书,并给予一定奖励。
2. 优秀实习指导教师由教务处颁发荣誉证书。

附录一　新时代中小学教师职业行为十项准则

教师是人类灵魂的工程师，是人类文明的传承者。长期以来，广大教师贯彻党的教育方针，教书育人，呕心沥血，默默奉献，为国家发展和民族振兴作出了重大贡献。新时代对广大教师落实立德树人根本任务提出新的更高要求，为进一步增强教师的责任感、使命感、荣誉感，规范职业行为，明确师德底线，引导广大教师努力成为有理想信念、有道德情操、有扎实学识、有仁爱之心的好老师，着力培养德智体美劳全面发展的社会主义建设者和接班人，特制定以下准则。

一、坚定政治方向。坚持以习近平新时代中国特色社会主义思想为指导，拥护中国共产党的领导，贯彻党的教育方针；不得在教育教学活动中及其他场合有损害党中央权威、违背党的路线方针政策的言行。

二、自觉爱国守法。忠于祖国，忠于人民，恪守宪法原则，遵守法律法规，依法履行教师职责；不得损害国家利益、社会公共利益，或违背社会公序良俗。

三、传播优秀文化。带头践行社会主义核心价值观，弘扬真善美，传递正能量；不得通过课堂、论坛、讲座、信息网络及其他渠道发表、转发错误观点，或编造散布虚假信息、不良信息。

四、潜心教书育人。落实立德树人根本任务，遵循教育规律和学生成长规律，因材施教，教学相长；不得违反教学纪律，敷衍教学，或擅自从事影响教育教学本职工作的兼职兼薪行为。

五、关心爱护学生。严慈相济，诲人不倦，真心关爱学生，严格要求学生，做学生良师益友；不得歧视、侮辱学生，严禁虐待、伤害学生。

六、加强安全防范。增强安全意识，加强安全教育，保护学生安全，防范事故风险；不得在教育教学活动中遇突发事件、面临危险时，不顾学生安危，擅离职守，自行逃离。

七、坚持言行雅正。为人师表，以身作则，举止文明，作风正派，自重自爱；不得与学生发生任何不正当关系，严禁任何形式的猥亵、性骚扰行为。

八、秉持公平诚信。坚持原则，处事公道，光明磊落，为人正直；不得在招生、考试、推优、保送及绩效考核、岗位聘用、职称评聘、评优评奖等工作中徇私舞弊、弄虚作假。

九、坚守廉洁自律。严于律己，清廉从教；不得索要、收受学生及家长财物或参加由学生及家长付费的宴请、旅游、娱乐休闲等活动，不得向学生推销图书报刊、教辅材料、社会保险或利用家长资源谋取私利。

十、规范从教行为。勤勉敬业，乐于奉献，自觉抵制不良风气；不得组织、参与有偿补课，或为校外培训机构和他人介绍生源、提供相关信息。

附录二 中小学教师职业道德规范

（2008 年修订）

一、爱国守法。热爱祖国，热爱人民，拥护中国共产党领导，拥护社会主义。全面贯彻国家教育方针，自觉遵守教育法律法规，依法履行教师职责权利。不得有违背党和国家方针政策的言行。

二、爱岗敬业。忠诚于人民教育事业，志存高远，勤恳敬业，甘为人梯，乐于奉献。对工作高度负责，认真备课上课，认真批改作业，认真辅导学生。不得敷衍塞责。

三、关爱学生。关心爱护全体学生，尊重学生人格，平等公正对待学生。对学生严慈相济，做学生良师益友。保护学生安全，关心学生健康，维护学生权益。不讽刺、挖苦、歧视学生，不体罚或变相体罚学生。

四、教书育人。遵循教育规律，实施素质教育。循循善诱，诲人不倦，因材施教。培养学生良好品行，激发学生创新精神，促进学生全面发展。不以分数作为评价学生的唯一标准。

五、为人师表。坚守高尚情操，知荣明耻，严于律己，以身作则。衣着得体，语言规范，举止文明。关心集体，团结协作，尊重同事，尊重家长。作风正派，廉洁奉公。自觉抵制有偿家教，不利用职务之便谋取私利。

六、终身学习。崇尚科学精神，树立终身学习理念，拓宽知识视野，更新知识结构。潜心钻研业务，勇于探索创新，不断提高专业素养和教育教学水平。

附录三 中小学生守则

1. 热爱祖国,热爱人民,热爱中国共产党。
2. 遵守法律法规,增强法律意识。遵守校规校纪,遵守社会公德。
3. 热爱科学,努力学习,勤思好问,乐于探究,积极参加社会实践和有益的活动。
4. 珍爱生命,注意安全,锻炼身体,讲究卫生。
5. 自尊自爱,自信自强,生活习惯文明健康。
6. 积极参加劳动,勤俭朴素,自己能做的事自己做。
7. 孝敬父母,尊敬师长,礼貌待人。
8. 热爱集体,团结同学,互相帮助,关心他人。
9. 诚实守信,言行一致,知错就改,有责任心。
10. 热爱大自然,爱护生活环境。

附录四　中学生日常行为规范

一、自尊自爱，注重仪表

1. 维护国家荣誉，尊敬国旗、国徽，会唱国歌，升降国旗、奏唱国歌时要肃立、脱帽、行注目礼，少先队员行队礼。

2. 穿戴整洁、朴素大方，不烫发，不染发，不化妆，不佩戴首饰，男生不留长发，女生不穿高跟鞋。

3. 讲究卫生，养成良好的卫生习惯。不随地吐痰，不乱扔废弃物。

4. 举止文明，不说脏话，不骂人，不打架，不赌博。不涉足未成年人不宜的活动和场所。

5. 情趣健康，不看色情、凶杀、暴力、封建迷信的书刊、音像制品，不听不唱不健康歌曲，不参加迷信活动。

6. 爱惜名誉，拾金不昧，抵制不良诱惑，不做有损人格的事。

7. 注意安全，防火灾、防溺水、防触电、防盗、防中毒等。

二、诚实守信，礼貌待人

8. 平等待人，与人为善。尊重他人的人格、宗教信仰、民族风俗习惯。谦恭礼让，尊老爱幼，帮助残疾人。

9. 尊重教职工，见面行礼或主动问好，回答师长问话要起立，给老师提意见态度要诚恳。

10. 同学之间互相尊重、团结互助、理解宽容、真诚相待、正常交往，不以大欺小，不欺侮同学，不戏弄他人，发生矛盾多做自我批评。

11. 使用礼貌用语，讲话注意场合，态度友善，要讲普通话。接受或递送物品时要起立并用双手。

12. 未经允许不进入他人房间、不动用他人物品、不看他人信件和日记。

13. 不随意打断他人的讲话，不打扰他人学习工作和休息，妨碍他人要道歉。

14. 诚实守信，言行一致，答应他人的事要做到，做不到时表示歉意，借他人钱物要及时归还。不说谎，不骗人，不弄虚作假，知错就改。

15. 上、下课时起立向老师致敬，下课时，请老师先行。

三、遵规守纪，勤奋学习

16. 按时到校，不迟到，不早退，不旷课。

17. 上课专心听讲，勤于思考，积极参加讨论，勇于发表见解。

18. 认真预习、复习,主动学习,按时完成作业,考试不作弊。

19. 积极参加生产劳动和社会实践,积极参加学校组织的其他活动,遵守活动的要求和规定。

20. 认真值日,保持教室、校园整洁优美。不在教室和校园内追逐打闹喧哗,维护学校良好秩序。

21. 爱护校舍和公物,不在黑板、墙壁、课桌、布告栏等处乱涂改刻画。借用公物要按时归还,损坏东西要赔偿。

22. 遵守宿舍和食堂的制度,爱惜粮食,节约水电,服从管理。

23. 正确对待困难和挫折,不自卑,不嫉妒,不偏激,保持心理健康。

四、勤劳俭朴,孝敬父母

24. 生活节俭,不互相攀比,不乱花钱。

25. 学会料理个人生活,自己的衣物用品收放整齐。

26. 生活有规律,按时作息,珍惜时间,合理安排课余生活,坚持锻炼身体。

27. 经常与父母交流生活、学习、思想等情况,尊重父母意见和教导。

28. 外出和到家时,向父母打招呼,未经家长同意,不得在外住宿或留宿他人。

29. 体贴帮助父母长辈,主动承担力所能及的家务劳动,关心照顾兄弟姐妹。

30. 对家长有意见要有礼貌地提出,讲道理,不任性,不耍脾气,不顶撞。

31. 待客热情,起立迎送。不影响邻里正常生活,邻里有困难时主动关心帮助。

五、严于律己,遵守公德

32. 遵守国家法律,不做法律禁止的事。

33. 遵守交通法规,不闯红灯,不违章骑车,过马路走人行横道,不跨越隔离栏。

34. 遵守公共秩序,乘公共交通工具主动购票,给老、幼、病、残、孕及师长让座,不争抢座位。

35. 爱护公用设施、文物古迹,爱护庄稼、花草、树木,爱护有益动物和生态环境。

36. 遵守网络道德和安全规定,不浏览、不制作、不传播不良信息,慎交网友,不进入营业性网吧。

37. 珍爱生命,不吸烟,不喝酒,不滥用药物,拒绝毒品。不参加各种名目的非法组织,不参加非法活动。

38. 公共场所不喧哗,瞻仰烈士陵园等相关场所保持肃穆。

39. 观看演出和比赛,不起哄滋扰,做文明观众。

40. 见义勇为,敢于斗争,对违反社会公德的行为要进行劝阻,发现违法犯罪行为及时报告。